42890

BIBLIOTHÈQUE

D'UNE

MAISON DE CAMPAGNE.

TOME LXXV.

HUITIEME LIVRAISON.

LES MILLE ET UNE NUITS.

LES

MILLE ET UNE NUITS,

CONTES ARABES.

IMPRIMERIE DE LEBÈGUE.

LES
MILLE ET UNE NUITS,
CONTES ARABES,
TRADUITS EN FRANÇAIS

Par M. GALLAND,

MEMBRE DE L'ACADÉMIE DES INSCRIPTIONS ET BELLES-LETTRES, PROFESSEUR DE LANGUE ARABE AU COLLÉGE ROYAL.

TOME CINQUIÈME.

A PARIS,

CHEZ LEBÉGUE, IMPRIMEUR-LIBRAIRE,

RUE DES RATS, N° 14, PRÈS LA PLACE MAUBERT.

1822.

LES
MILLE ET UNE NUITS,
CONTES ARABES
traduits en français

(Galland)

NOUVELLE ÉDITION, REVUE ET CORRIGÉE
SUR L'ÉDITION PRINCEPS, D'APRÈS L'ARABE,
PAR M. DESTAINS.

TOME SIXIÈME.

A PARIS,

LES
MILLE ET UNE NUITS,
CONTES ARABES.

CCVIII^e NUIT.

Sire, la confidente revint joindre le joaillier dans la mosquée où elle l'avait laissé, en lui donnant les deux bourses : Prenez, dit-elle, et satisfaites vos amis. » « Il y en a, reprit le joaillier, beaucoup au-delà de ce qui est nécessaire ; mais je n'oserais refuser la grâce qu'une dame si honnête et si généreuse veut bien faire à son très-humble serviteur. Je vous supplie de l'assurer que je conserverai éternellement la mémoire de ses bontés. » Il convint avec la confidente qu'elle viendrait le trouver à la maison où elle l'avait vu la première fois, lorsqu'elle aurait quelque chose à lui communiquer de la part de Schemselnihar, et pour apprendre des nouvelles du prince de Perse ; après quoi ils se séparèrent.

Le joaillier retourna chez lui fort content, non-seulement de ce qu'il avait de quoi satisfaire ses amis pleinement, mais de ce qu'il voyait même que personne ne savait à Bagdad que le prince de Perse et Schemselnihar se fussent trouvés dans son autre maison lorsqu'elle avait été pillée. Il est vrai qu'il avait déclaré la chose aux voleurs ; mais il avait confiance en leur secret. Ils n'avaient pas d'ailleurs assez de commerce dans le monde pour craindre aucun danger de leur côté, quand ils l'eussent divulgué. Dès le lendemain matin il vit les amis qui l'avaient obligé, et il n'eut pas de peine à les contenter. Il eut même beaucoup d'argent de reste pour meubler fort proprement son autre maison, où il mit quelques-uns de ses domestiques pour l'habiter. C'est ainsi qu'il oublia le danger dont il avait échappé ;

et sur le soir il se rendit chez le prince de Perse.

Les officiers du prince, qui reçurent le joaillier, lui dirent qu'il arrivait fort à propos; que le prince, depuis qu'il l'avait vu, était dans un état qui donnait tout sujet de craindre pour sa vie, et qu'on ne pouvait tirer de lui une seule parole. Ils l'introduisirent dans sa chambre sans faire de bruit, et il le trouva couché dans son lit, les yeux fermés, et dans un état qui lui fit compassion. Il le salua en lui touchant la main, et il l'exhorta à prendre courage.

Le prince de Perse reconnut que le joaillier lui parlait; il ouvrit les yeux, et le regarda d'une manière qui lui fit connaître la grandeur de son affliction, infiniment au-delà de ce qu'il en avait eu depuis la première fois qu'il avait vu Schemselnihar. Il lui prit et lui serra la main pour lui marquer son amitié, et lui dit d'une voix faible, qu'il lui était bien obligé de la peine qu'il prenait de venir voir un prince aussi malheureux et aussi affligé qu'il l'était.

« Prince, reprit le joaillier, ne parlons pas, je vous en supplie, des obligations que vous pouvez m'avoir : je voudrais bien que les bons offices que j'ai tâché de vous rendre, eussent eu un meilleur succès. Parlons plutôt de votre santé : dans l'état où je vous vois, je crains fort que vous ne vous laissiez abattre vous-même, et que vous ne preniez pas la nourriture qui vous est nécessaire. »

Les gens qui étaient près du prince leur maître prirent cette occasion pour dire au joaillier qu'ils avaient toutes les peines imaginables à l'obliger de prendre quelque chose; qu'il ne s'aidait pas, et qu'il y avait long-temps qu'il n'avait rien pris. Cela obligea le joaillier de supplier le prince de souffrir que ses gens lui apportassent de la nourriture et d'en prendre; et il l'obtint après de grandes instances.

Après que le prince de Perse, par la persuasion du joaillier, eut mangé plus amplement qu'il n'avait encore fait, il commanda à ses gens de le laisser seul avec lui; et lorsqu'ils furent sortis : « Avec le malheur qui m'accable, lui dit-il, j'ai une douleur extrême de la perte que vous avez soufferte pour l'amour de moi ; il est juste que je songe à vous en récompenser. Mais auparavant, après vous en avoir demandé mille pardons, je vous prie de me dire si vous n'avez rien appris de Schemselnihar, depuis que j'ai été contraint de me séparer d'avec elle ? »

Le joaillier, instruit par la confidente, lui raconta tout ce qu'il savait de l'arrivée de Schemselnihar à son palais, de l'état où elle avait été depuis ce temps-là jusqu'au moment où elle se trouva mieux, et où elle envoya la confidente pour s'informer de ses nouvelles.

Le prince de Perse ne répondit au discours du joaillier que par des soupirs et des larmes ; ensuite il fit un effort pour se lever, fit appeler un de ses gens, et alla en personne à son garde-meuble, qu'il se fit ouvrir : il y fit faire plusieurs ballots de riches meubles et d'argenterie, et donna ordre qu'on les portât chez le joaillier.

Le joaillier voulut se défendre d'accepter le présent que le prince de Perse lui faisait; mais, quoiqu'il lui représentât que Schemselnihar lui avait déjà envoyé plus qu'il n'en avait besoin pour remplacer ce que ses amis avaient perdu, il voulut néanmoins être obéi. Le joaillier fut donc obligé de lui témoigner combien il était confus de sa libéralité, et il lui marqua qu'il ne pouvait assez l'en remercier. Il voulait prendre congé; mais le prince le pria de rester, et ils s'entretinrent une bonne partie de la nuit.

Le lendemain matin, le joaillier vit encore le prince avant de se retirer, et le prince le fit asseoir près de lui. « Vous savez, lui dit-il, qu'on a un but en toutes choses : le but d'un amant est de posséder ce qu'il aime sans obstacle : s'il perd une fois cette espérance, il est certain qu'il ne doit plus penser à vivre. Vous comprenez bien que c'est là la triste situation où je me trouve. En effet, dans le temps que, par deux fois, je me crois au comble de mes désirs, c'est alors que je suis arraché d'auprès de ce que j'aime, de la manière la plus cruelle. Après cela, il ne me reste plus qu'à songer à la mort : je me la serais déjà donnée, si ma religion ne me défendait d'être homicide de moi-même; mais il n'est pas besoin que je la prévienne, je sens bien que je ne l'attendrai pas longtemps. » Il se tut à ces paroles, avec des gémissemens, des soupirs, des sanglots et des larmes, qu'il laissa couler en abondance.

Le joaillier, qui ne savait pas d'autre moyen de le détourner de cette pensée de désespoir, qu'en lui remettant Schemselnihar dans la mémoire, et qu'en lui donnant quelque ombre d'espérance, lui dit qu'il craignait que la confidente ne fût déjà venue, et qu'il était à propos qu'il ne perdît pas de temps à retourner chez lui. « Je vous laisse aller, lui dit le prince; mais si vous la voyez, je vous supplie de lui bien recommander d'assurer Schemselnihar que si j'ai à mourir, comme je m'y attends bientôt, je l'aimerai jusqu'au dernier soupir et jusque dans le tombeau. »

Le joaillier revint chez lui, et y demeura, dans l'espérance que la confidente viendrait. Elle arriva quelques heures après; mais tout en pleurs, et dans un grand désordre. Le joaillier, alarmé, lui demanda avec empressement ce qu'elle avait.

« Schemselnihar, le prince de Perse, vous et moi, reprit la confidente, nous sommes tous perdus. Ecoutez la triste nouvelle que j'appris hier en entrant au palais, après vous avoir quitté : Schemselnihar avait fait châtier pour quelque faute une des deux esclaves que vous vîtes avec elle le jour du rendez-vous dans votre autre maison. L'esclave, outrée de ce mauvais traitement, a trouvé la porte du palais ouverte; elle est sortie, et nous ne doutons pas qu'elle n'ait tout déclaré à un des eunuques de notre garde, qui lui a donné retraite. Ce n'est pas tout : l'autre esclave, sa compagne, a fui aussi, et s'est réfugiée au palais du calife, à qui nous avons sujet de croire qu'elle a tout révélé. En voici la raison : c'est qu'aujourd'hui le calife vient d'envoyer prendre Schemselnihar par une vingtaine d'eunuques qui l'ont menée à son palais. J'ai trouvé le moyen de me dérober, et de venir vous donner avis de tout ceci. Je ne sais pas ce qui se sera passé; mais je n'en augure rien de bon. Quoi qu'il en soit, je vous conjure de bien garder le secret.....

Le jour, dont on voyait déjà la lumière, obligea la sultane Scheherazade de garder le silence à ces dernières paroles. Elle continua la nuit suivante, et dit au sultan des Indes :

CCIX^e NUIT.

Sire, la confidente ajouta à ce qu'elle venait de dire au joaillier, qu'il était bon qu'il allât trouver le prince de Perse, sans perdre de temps, et l'avertir de l'affaire afin qu'il se tînt prêt à tout événement et qu'il fût fidèle dans la cause commune. Elle ne lui en dit pas davantage, elle se retira brusquement sans attendre sa réponse.

Qu'aurait pu répondre le joaillier dans l'état où il se trouvait ? Il demeura immobile et comme étourdi du coup. Il vit bien néanmoins que l'affaire pressait : il se fi violence, et alla trouver le prince de Perse incessamment. En l'abordant d'un air qui marquait déjà la méchante nouvelle qu'il venait lui annoncer: « Prince, dit-il, armez-vous de patience, de constance et de courage, et préparez-vous à l'assaut le plus terrible que vous ayez eu à soutenir de votre vie. »

« Dites-moi en deux mots ce qu'il y a, reprit le prince; et ne me faites pas languir: je suis prêt à mourir s'il en est besoin. »

Le joaillier lui raconta ce qu'il venait d'apprendre de la confidente. « Vous voyez bien, continua-t-il, que votre perte est assurée. Levez-vous, sauvez-vous promptement; le temps est précieux. Vous ne devez pas vous exposer à la colère du calife, encore moins à rien avouer au milieu des tourmens. »

Peu s'en fallut qu'en ce moment le prince n'expirât d'affliction, de douleur et de frayeur. Il se recueillit, et demanda au joaillier quelle résolution il lui conseillait de prendre dans une conjoncture où il n'y avait pas un moment dont il ne dût profiter. « Il n'y en a pas d'autre, repartit le joaillier, que de monter à cheval au plutôt, et de prendre le chemin d'Anbar *, pour y arriver demain avant le jour. Prenez de vos gens ce que vous jugerez à propos, avec de bons chevaux, et souffrez que je me sauve avec vous. »

Le prince de Perse, qui ne vit pas d'autre parti à prendre, donna ordre aux préparatifs les moins embarrassans, prit de l'argent et des pierreries; et après avoir pris congé de sa mère, il partit, s'éloigna de Bagdad en diligence, avec le joaillier et les gens qu'il avait choisis.

Ils marchèrent le reste du jour et toute la nuit sans s'arrêter en aucun lieu, jusqu'à deux ou trois heures avant le jour du lendemain, que, fatigués d'une si longue traite, et leurs chevaux n'en pouvant plus, ils mirent pied à terre pour se reposer.

Ils n'avaient presque pas eu le temps de respirer, qu'ils se virent assaillis tout à coup par une grosse troupe de voleurs.

---

* Ambar était une ville sur le Tigre, à vingt lieues au-dessous de Bagdad.

Ils se défendirent quelque temps très-courageusement ; mais les gens du prince furent tués. Cela obligea le prince et le joaillier à mettre les armes bas, et à s'abandonner à leur discrétion. Les voleurs leur donnèrent la vie ; mais après qu'ils se furent saisis des chevaux et du bagage, ils les dépouillèrent, et en se retirant avec leur butin, ils les laissèrent au même endroit.

Lorsque les voleurs furent éloignés : « Hé bien, dit le prince désolé au joaillier, que dites-vous de notre aventure et de l'état où nous voilà ? Ne vaudrait-il pas mieux que je fusse demeuré à Bagdad, que j'y eusse attendu la mort, de quelque manière que je dusse la recevoir ? »

« Prince, reprit le joaillier, c'est un décret de la volonté de Dieu : il lui plaît de nous éprouver par afflictions sur afflictions. C'est à nous de n'en point murmurer, et de recevoir ses disgrâces de sa main avec une entière soumission. Ne nous arrêtons pas ici davantage ; cherchons quelque lieu de retraite, où l'on veuille bien nous secourir dans notre malheur. »

« Laissez-moi mourir, lui dit le prince de Perse : il n'importe pas que je meure ici ou ailleurs. Peut-être même qu'au moment où nous parlons, Schemselnihar n'est plus, et je ne dois plus chercher à vivre après elle. » Le joaillier le persuada enfin, à force de prières. Ils marchèrent quelque temps, et ils rencontrèrent une mosquée qui était ouverte, où ils entrèrent et passèrent le reste de la nuit.

A la pointe du jour, un homme seul arriva dans cette mosquée. Il y fit sa prière; et quand il eut achevé, il aperçut en se retournant le prince de Perse et le joaillier qui étaient assis dans un coin. Il s'approcha d'eux en les saluant avec beaucoup de civilité. « Autant que je puis le connaître, leur dit-il, il me semble que vous êtes étrangers.

Le joaillier prit la parole : « Vous ne vous trompez pas, répondit-il : nous avons été volés cette nuit en venant de Bagdad, comme vous le pouvez voir à l'état où nous sommes, et nous avons besoin de secours ; mais nous ne savons à qui nous adresser. »

« Si vous voulez prendre la peine de venir chez moi, repartit l'homme, je vous donnerai volontiers l'assistance que je pourrai. »

A cette offre obligeante, le joaillier se tourna du côté du prince de Perse, et lui dit à l'oreille : « Cet homme, Prince, comme vous le voyez, ne nous connaît pas, et nous avons à craindre que quelque autre ne vienne, et ne nous connaisse. Nous ne devons pas, ce me semble, refuser la grâce qu'il veut bien nous faire. » « Vous êtes le maître, reprit le prince, et je consens à tout ce que vous voudrez. »

L'homme, qui vit que le joaillier et le prince de Perse se consultaient ensemble, s'imagina qu'ils faisaient difficulté d'accepter la proposition qu'il leur avait faite. Il leur demanda qu'elle était leur résolution. » Nous sommes prêts à vous suivre, répondit le joaillier: ce qui nous fait de la peine, c'est que nous sommes nus, et que nous avons honte de paraître en cet état. »

Par bonheur, l'homme eut à leur donner à chacun assez de quoi se couvrir pour les conduire jusque chez lui. Ils n'y furent pas plutôt arrivés, que leur hôte leur fit apporter à chacun un habit assez propre; et comme il ne douta pas qu'ils n'eussent grand besoin de manger, et qu'ils seraient bien aise d'être dans leur particulier, il leur fit porter plusieurs plats par un esclave. Mais ils ne mangèrent presque pas, surtout le prince de Perse, qui était dans une langueur et dans un abattement qui fit tout craindre au joaillier pour sa vie.

Leur hôte les vit à diverses fois pendant le jour; et sur le soir, comme il savait qu'ils avaient besoin de repos, il les quitta de bonne heure. Mais le joaillier fut bientôt obligé de l'appeler pour assister à la mort du prince de Perse. Il s'aperçut que ce prince avait la respiration forte et véhémente, et cela lui fit comprendre qu'il n'avait plus que peu de momens à vivre. Il s'approcha de lui, et le prince lui dit : « C'en est fait, comme vous le voyez; et je suis bien aise que vous soyez témoin du dernier soupir de ma vie. Je la perds avec bien de la satisfaction, et je ne vous en dis pas la raison, vous la savez. Tout le regret que j'ai, c'est de ne pas mourir entre les bras de ma chère mère, qui m'a toujours aimé tendrement, et pour qui j'ai toujours eu le respect que je devais. Elle aura bien de la douleur de n'avoir pas eu la triste consolation de me fermer les yeux, et de m'ensevelir de ses propres mains. Témoignez-lui bien la peine que j'en souffre, et priez-la, de ma part, de faire transporter mon corps à Bagdad, afin qu'elle arrose mon tombeau de ses larmes, et qu'elle m'y assiste de ses prières. » Il n'oublia pas l'hôte de la maison : il le remercia de l'accueil généreux qu'il lui avait fait; et après lui avoir demandé en grâce de vouloir bien que son corps demeurât en dépôt chez lui jusqu'à ce qu'on vînt l'enlever, il expira.....

Scheherazade en était en cet endroit, lorsqu'elle s'aperçut que le jour paraissait. Elle cessa de parler : elle reprit son discours la nuit suivante, et dit au sultan des Indes :

CLXIVᵉ NUIT.

Sire, dès le lendemain de la mort du prince de Perse, le joaillier profita de la conjoncture d'une caravane assez nombreuse qui venait à Bagdad, où il se rendit en sûreté. Il ne fit que rentrer chez lui et changer d'habit à son arrivée, et se rendit à l'hôtel du feu prince de Perse, où l'on fut alarmé de ne pas voir le prince avec lui. Il pria qu'on avertît la mère du prince qu'il souhaitait de lui parler, et l'on ne fut pas long-temps à l'introduire dans une salle où elle était avec plusieurs de ses femmes. « Madame, lui dit le joaillier, d'un air et d'un ton qui marquaient la fâcheuse nouvelle qu'il avait à lui annoncer, Dieu vous conserve et vous comble de ses bontés ! Vous n'ignorez pas que Dieu dispose de nous comme il lui plaît....»

La dame ne donna pas le temps au joaillier d'en dire davantage. « Ah ! s'écria-t-elle, vous m'annoncez la mort de mon fils ! Elle poussa en même temps des cris effroyables, qui, mêlés avec ceux des femmes, renouvelèrent les larmes du joaillier. Elle se tourmenta et s'affligea long-temps, avant qu'elle lui laissât reprendre ce qu'il avait à lui dire. Elle interrompit enfin ses pleurs et ses gémissemens, et elle le pria de continuer, et ne lui rien cacher des circonstances d'une séparation si triste. Il la satisfit, et quand il eut achevé, elle lui demanda si le prince son fils, dans les derniers momens de sa vie, ne l'avait pas chargé de quelque chose de particulier à lui dire. Il lui assura qu'il n'avait pas eu un plus grand regret que de mourir éloigné d'elle, et que la seule chose qu'il avait souhaitée, était qu'elle voulût bien prendre le soin de faire transporter son corps à Bagdad. Dès le lendemain, de grand matin, elle se mit en chemin, accompagnée de ses femmes et de la plus grande partie de ses esclaves.

Quand le joaillier, qui avait été retenu par la mère du prince de Perse, eut vu partir cette dame, il retourna chez lui tout triste et les yeux baissés, avec un grand regret de la mort d'un prince si accompli et si aimable, à la fleur de son âge.

Comme il marchait recueilli en lui-même, une femme se présenta et s'arrêta devant lui. Il leva les yeux, et vit que c'était la confidente de Schemselnihar, qui était habillée de deuil, et pleurait. Il renouvela ses pleurs à cette vue, sans ouvrir la bouche pour lui parler, et il continua de marcher jusque chez lui, où la confidente le suivit et entra avec lui.

Ils s'assirent; et le joaillier, en prenant la parole le premier, demanda à la confidente, avec un grand soupir, si elle avait déjà appris la mort du prince de Perse, et si c'était lui qu'elle pleurait. « Hélas ! non, s'écria-t-elle. Quoi ! ce prince si charmant est mort ! Il n'a pas vécu long-temps après sa chère Schemselnihar. Belles ames, ajouta-t-elle, en quelque part que vous soyez, vous devez être bien contentes de pouvoir vous aimer désormais sans obstacle ! Vos corps étaient un empêchement à vos souhaits, et le Ciel vous en a délivrés pour vous unir ! »

Le joaillier, qui ne savait rien de la mort de Schemselnihar, et qui n'avait pas encore fait réflexion que la confidente, qui lui parlait, était habillée de deuil, eut une nouvelle affliction d'apprendre cette nouvelle. « Schemselnihar est morte ! s'écria-t-il. » « Elle est morte, reprit la confidente en pleurant tout de nouveau, et c'est d'elle que je porte le deuil. Les circonstances de sa mort sont singulières, et elles méritent que vous les sachiez ; mais, avant que je vous en fasse le récit, je vous prie de me faire part de celles de la mort du prince de Perse, que je pleurerai toute ma vie, avec celle de Schemselnihar, ma chère et respectable maîtresse. »

Le joailier donna à la confidente la satisfaction qu'elle demandait ; et dès qu'il lui eut raconté le tout, jusqu'au départ de la mère du prince de Perse, qui venait de se mettre en chemin elle-même, pour faire apporter le corps du prince à Bagdad : « Vous n'avez pas oublié, lui dit-elle, que je vous ai dit que le calife avait fait venir Schemselnihar à son palais ; il était vrai, comme nous avions tous sujet de nous le persuader, que le calife avait été informé des amours de Schemselnihar et du prince de Perse par les deux esclaves, qu'il avait interrogées toutes deux séparément. Vous allez vous imaginer qu'il se mit en colère contre Schemselnihar, et qu'il donna de grandes marques de jalousie et de vengeance prochaine contre le prince de Perse. Point du tout: il ne songea pas un moment au prince de Perse. Il plaignit seulement Schemselnihar; et il est à croire qu'il s'attribua à lui-même ce qui est arrivé, sur la permission qu'il lui avait donnée d'aller librement par la ville sans être accompagnée d'eunuques. On n'en peut conjecturer autre chose, après la manière tout extraordinaire dont il en a usé avec elle, comme vous allez l'entendre.

« Le calife la reçut avec un visage ouvert; et quand il eut remarqué la tristesse dont elle était accablée, qui cependant ne diminuait rien de sa beauté (car elle parut devant lui sans aucune marque de surprise ni de frayeur): « Schemselnihar, lui dit-il avec une bonté digne de lui, je ne puis souffrir que vous paraissiez devant moi avec un air qui m'afflige infiniment. Vous savez avec quelle passion je vous ai toujours aimée; vous devez en être persuadée par toutes les marques que je vous en ai données. Je ne change pas, et je vous aime plus que jamais. Vous avez des ennemis, et ces ennemis m'ont fait des rapports contre votre conduite; mais tout ce qu'ils ont pu me dire ne me fait pas la moindre impression. Quittez donc cette mélancolie, et disposez-vous à m'entretenir ce soir de quelque chose d'agréable et de divertissant, comme à votre ordinaire. » Il lui dit plusieurs autres choses très-obligeantes, et il la fit entrer dans un appartement magnifique, près du sien, où il la pria de l'attendre.

« L'affligée Schemselnihar fut très-sensible à tant de témoignages de considération pour sa personne; mais plus elle connaissait combien elle en était obligée au calife, plus elle était pénétrée de la vive douleur d'être éloignée peut-être pour jamais du prince de Perse, sans qui elle ne pouvait plus vivre.

« Cette entrevue du calife et de Schemselnihar, continua la confidente, se passa pendant que j'étais venue vous parler, et j'en ai appris les particularités de mes compagnes qui étaient présentes. Mais dès que je vous eus quitté, j'allai rejoindre Schemselnihar, et je fus témoin de ce qui se passa le soir. Je la trouvai dans l'appartement que j'ai dit ; et comme elle se douta que je venais de chez vous, elle me fit approcher, et sans que personne l'entendît : « Je vous suis bien obligée, me dit-elle, du service que vous venez de me rendre ; je sens bien que ce sera le dernier. » Elle ne m'en dit pas davantage; et je n'étais pas dans un lieu à pouvoir lui dire quelque chose pour tâcher de la consoler.

« Le calife entra le soir au son des instrumens que les femmes de Schemselnihar touchaient, et l'on servit aussitôt la collation. Le calife prit Schemselnihar par la main, et la fit asseoir près de lui sur le sofa. Elle se fit une si grande violence pour lui complaire, que nous la vîmes expirer peu de momens après. En effet, elle fut à peine assise, qu'elle se renversa en arrière. Le calife crut qu'elle n'était qu'évanouie, et nous eûmes toutes la même pensée. Nous tâchâmes de la secourir ; mais elle ne revint pas, et voilà de quelle manière nous la perdîmes.

« Le calife l'honora de ses larmes, qu'il ne put retenir, et avant de se retirer à son appartement, il ordonna de casser tous les instrumens, ce qui fut exécuté. Je restai toute la nuit près du corps ; je le lavai et l'ensevelis moi-même, en le baignant de mes larmes, et le lendemain elle fut enterrée, par ordre du calife, dans un tombeau magnifique qu'il avait déjà fait bâtir dans le lieu qu'elle avait choisi elle-même. Puisque vous dites, ajouta-t-elle, qu'on doit apporter le corps du prince de Perse à Bagdad, je suis résolue à faire en sorte qu'on l'apporte pour être mis dans le même tombeau. »

Le joaillier fut fort surpris de cette résolution de la confidente. « Vous n'y songez pas, reprit-il ; jamais le calife ne le souffrira. » « Vous croyez la chose impossible, reprit la confidente ; elle ne l'est pas, et vous en conviendrez vous-même, quand je vous aurai dit que le calife a donné la liberté à toutes les esclaves de

Schemselnihar, avec une pension à chacune, suffisante pour subsister, et qu'il m'a chargée du soin et de la garde de son tombeau, avec un revenu considérable pour l'entretenir, et pour ma subsistance en particulier. D'ailleurs le calife, qui n'ignore pas les amours du prince de Perse et de Schemselnihar, comme je vous l'ai dit, et qui ne s'en est pas scandalisé, n'en sera nullement fâché. » Le joaillier n'eut plus rien à dire : il pria seulement la confidente de le mener à ce tombeau pour y faire sa prière. Sa surprise fut grande en y arrivant, quand il vit la foule du monde des deux sexes qui y accourait de tous les endroits de Bagdad. Il ne put en approcher que de loin ; et lorsqu'il eut fait sa prière : « Je ne trouve plus impossible, dit-il à la confidente en la rejoignant, d'exécuter ce que vous aviez si bien imaginé. Nous n'avons qu'à publier, vous et moi, ce que nous savons des amours de l'un et de l'autre, et particulièrement de la mort du prince de Perse, arrivée presque dans le même temps. Avant que son corps n'arrive, tout Bagdad concourra à demander qu'il ne soit pas séparé d'avec celui de Schemselnihar. » La chose réussit; et le jour que l'on sut que le corps devait arriver, une infinité de peuple alla au-devant à plus de vingt milles.

La confidente attendit à la porte de la ville, où elle se présenta à la mère du prince, et la supplia, au nom de toute la ville, qui le souhaitait ardemment, de vouloir bien que les corps des deux amans, qui n'avaient eu qu'un cœur jusqu'à leur mort, depuis qu'ils avaient commencé à s'aimer, n'eussent qu'un même tombeau. Elle y consentit, et le corps fut porté au tombeau de Schemselnihar, à la tête d'un peuple innombrable de tous les rangs, et mis à côté d'elle. Depuis ce temps-là, tous les habitans de Bagdad, et même les étrangers de tous les endroits du monde où il y a des Musulmans, n'ont cessé d'avoir une grande vénération pour ce tombeau, et d'y aller faire leurs prières.

« C'est, Sire, dit ici Scheherazade, qui s'aperçut en même-temps qu'il était jour, ce que j'avais à raconter à Votre Majesté des amours de la belle Schemselnihar, favorite du calife Haroun Alraschid, et de l'aimable Ali Ebn Becar, prince de Perse. »

Quand Dinarzade vit que la Sultane, sa sœur, avait cessé de parler, elle la remercia, le plus obligeamment du monde, du plaisir qu'elle lui avait fait par le récit d'une histoire si intéressante. Si le Sultan veut bien me souffrir encore jusqu'à demain, reprit Scheherazade, je vous raconterai celle du prince Camaralzaman *, que vous trouverez beaucoup plus agréable. Elle se tut; et le Sultan, qui ne put encore se résoudre à la faire mourir, remit à l'écouter la nuit suivante.

CLXV^e NUIT.

Le lendemain, avant le jour, dès que la sultane Scheherazade fut éveillée par les soins de Dinarzade, sa sœur, elle raconta au sultan des Indes l'histoire de Camaralzaman, comme elle l'avait promis, et dit:

---

* C'est, en arabe, la lune du temps ou la lune du siècle.

HISTOIRE

DES AMOURS DE CAMARALZAMAN, PRINCE DE L'ILE DES ENFANS DE KHALEDAN, ET BADOUR, PRINCESSE DE LA CHINE.

Sire, environ à vingt journées de navigation des côtes de Perse, il y a dans la vaste mer une île que l'on appelle l'île des Enfans de Khaledan. Cette île est divisée en plusieurs grandes provinces, toutes considérables par des villes florissantes et bien peuplées, qui forment un royaume très-puissant. Autrefois elle était gouvernée par un roi nommé Schahzaman[*], qui avait quatre femmes en mariage légitime, toutes quatre filles de rois, et soixante concubines.

Schahzaman s'estimait le monarque le plus heureux de la terre, par la tranquillité et la prospérité de son règne. Une

---

[*] C'est-à-dire, en persien, roi du temps ou roi du siècle.

seule chose troublait son bonheur : c'est qu'il était déjà avancé en âge, et qu'il n'avait point d'enfans, quoiqu'il eût un si grand nombre de femmes. Il ne savait à quoi attribuer cette stérilité; et, dans son affliction, il regardait comme le plus grand malheur qui pût lui arriver, de mourir sans laisser après lui un successeur de son sang. Il dissimula long-temps le chagrin cuisant qui le tourmentait, et il souffrait d'autant plus, qu'il se faisait violence pour ne pas paraître qu'il en eût. Il rompit enfin le silence; et un jour, après qu'il se fut plaint amèrement de sa disgrâce à son grand-visir, à qui il en parla en particulier, il lui demanda s'il ne savait pas quelque moyen d'y remédier.

« Si ce que Votre Majesté me demande, répondit ce sage ministre, dépendait des règles ordinaires de la sagesse humaine, elle aurait bientôt la satisfaction qu'elle souhaite si ardemment; mais j'avoue que mon expérience et mes connaissances sont au-dessous de ce qu'elle me propose : il n'y a que Dieu seul à qui l'on puisse recourir dans ces sortes de besoins. Au milieu de nos prospérités, qui font souvent que nous l'oublions, il se plaît à nous mortifier par quelque endroit, afin que nous songions à lui, que nous reconnaissions sa toute-puissance, et que nous lui demandions ce que nous ne devons attendre que de lui. Vous avez des sujets qui font une profession particulière de l'honorer, de le servir et de vivre durement pour l'amour de lui : mon avis serait que Votre Majesté leur fît des aumônes, et les exhortât à joindre leurs prières aux vôtres. Peut-être que dans le grand nombre il s'en trouvera quelqu'un assez pur et assez agréable à Dieu pour obtenir qu'il exauce vos vœux. »

Le roi Schahzaman approuva fort ce conseil, dont il remercia le grand-visir. Il fit porter de riches aumônes dans chaque communauté de ces gens consacrés à Dieu ; il fit même venir les supérieurs ; et, après qu'il les eut régalés d'un festin frugal, il leur déclara son intention, et les pria d'en avertir les dévots qui étaient sous leur obéissance.

Schahzaman obtint du Ciel ce qu'il

désirait ; et cela parut bientôt par la grossesse d'une de ses femmes, qui lui donna un fils au bout de neuf mois. En actions de grâces, il envoya aux communautés des Musulmans dévots de nouvelles aumônes dignes de sa grandeur et de sa puissance; et l'on célébra la naissance du prince, non-seulement dans sa capitale, mais même dans toute l'étendue de ses États, par des réjouissances publiques d'une semaine entière. On lui porta le prince dès qu'il fut né; et il lui trouva tant de beauté, qu'il lui donna le nom de Camaralzaman, *lune du siècle.*

Le prince Camaralzaman fut élevé avec tous les soins imaginables ; et dès qu'il fut en âge, le sultan Schahzaman, son père, lui donna un sage gouverneur et d'habiles précepteurs. Ces personnages, distingués par leur capacité, trouvèrent en lui un esprit aisé, docile et capable de recevoir toutes les instructions qu'ils voulurent lui donner, tant pour le réglement de ses mœurs, que pour les connaissances qu'un prince comme lui devait avoir. Dans un âge plus avancé, il apprit de même tous ses exercices, et il s'en acquittait avec grâce et avec une adresse merveilleuse dont il charmait tout le monde, et particulièrement le Sultan son père.

Quand le prince eut atteint l'âge de quinze ans, le Sultan, qui l'aimait avec tendresse, et qui lui en donnait tous les jours de nouvelles marques, conçut le dessein de lui en donner la plus éclatante, de descendre du trône, et de l'y établir lui-même. Il en parla à son grand-visir. « Je crains, lui dit-il, que mon fils ne perde dans l'oisiveté de la jeunesse, non-seulement tous les avantages dont la nature l'a comblé, mais même ceux qu'il a acquis avec tant de succès par la bonne éducation que j'ai tâché de lui donner. Comme je suis désormais dans un âge à songer à la retraite, je suis presque résolu à lui abandonner le gouvernement, et à passer le reste de mes jours avec la satisfaction de le voir régner. Il y a long-temps que je travaille, et j'ai besoin de repos. »

Le grand-visir ne voulut pas représenter au Sultan toutes les raisons qui auraient pu le dissuader d'exécuter sa résolution; il entra au contraire dans son sentiment. « Sire, répondit-il, le prince est encore bien jeune, ce me semble, pour le charger de si bonne heure d'un fardeau aussi pesant que celui de gouverner un État puissant. Votre Majesté craint qu'il ne se corrompe dans l'oisiveté, avec beaucoup de raison; mais pour y remédier, ne jugerait-elle pas plus à propos de le marier auparavant? Ce mariage attache, et empêche qu'un jeune prince ne se dissipe. Avec cela, Votre Majesté lui donnerait entrée dans ses conseils, où il apprendrait peu à peu à soutenir dignement l'éclat et le poids de votre couronne, dont vous seriez à temps de vous dépouiller en sa faveur, lorsque vous l'en jugeriez capable par votre propre expérience. »

Schahzaman trouva le conseil de son premier ministre fort raisonnable. Aussi fit-il appeler le prince Camaralzaman dès qu'il l'eut congédié.

Le prince, qui jusqu'alors avait toujours vu le Sultan son père à de certaines heures réglées, sans avoir besoin d'être appelé, fut un peu surpris de cet ordre. Au lieu de se présenter devant lui avec la liberté qui lui était ordinaire, il le salua avec un grand respect, et s'arrêta en sa présence les yeux baissés.

Le Sultan s'aperçut de la contrainte du prince. « Mon fils, lui dit-il d'un air à le rassurer, savez-vous à quel sujet je vous ai fait appeler ? » « Sire, répondit le prince avec modestie, il n'y a que Dieu qui pénètre jusque dans les cœurs : je l'apprendrai de Votre Majesté avec plaisir. » « Je l'ai fait pour vous dire, reprit le Sultan, que je veux vous marier. Que vous en semble ? »

Le prince Camaralzaman entendit ces paroles avec un grand déplaisir. Elles le déconcertèrent ; la sueur lui en montait même au visage, et il ne savait que répondre. Après quelques momens de silence, il répondit : « Sire, je vous supplie de me pardonner si je parais interdit à la déclaration que Votre Majesté me fait ; je ne m'y attendais pas, dans la grande jeunesse où je suis. Je ne sais même si je pourrai jamais m'e résoudre au lien du mariage, non-seulement à cause de l'embarras que donnent les femmes, comme je le comprends fort bien ; mais même après ce que j'ai lu dans nos auteurs, de leurs fourberies, de leurs méchantés et de leurs perfidies. Peut-être ne serais-je pas toujours dans ce sentiment. Je sens bien néanmoins qu'il me faut du temps avant de me terminer à ce que Votre Majesté exige de moi. »

Scheherazade voulait poursuivre ; mais elle vit que le sultan des Indes, qui s'était aperçu que le jour paraissait, sortit du lit ; et cela fit qu'elle cessa de parler. Elle reprit le même conte la nuit suivante, et lui-dit :

CCXIIe NUIT.

SIRE, la réponse du prince Camaralzaman affligea extrêmement le Sultan son père. Ce monarque eut une véritable douleur de voir en lui une si grande répugnance pour le mariage. Il ne voulut pas néanmoins la traiter de désobéissance, ni user du pouvoir paternel; il se contenta de lui dire : « Je ne veux pas vous contraindre là-dessus, je vous donne le temps d'y penser, et de considérer qu'un prince comme vous, destiné à gouverner un grand royaume, doit penser d'abord à se donner un successeur. En vous donnant cette satisfaction, vous me la donnerez à moi-même, qui suis bien aise de me voir revivre en vous et dans les enfans qui doivent sortir de vous. »

Schahzaman n'en dit pas davantage au prince Camaralzaman. Il lui donna entrée dans les conseils de ses États, et lui donna d'ailleurs tous les sujets d'être content qu'il pouvait désirer. Au bout d'un an, il le prit en particulier. « Eh bien, mon fils, lui dit-il, vous êtes-vous souvenu de faire réflexion sur le dessein que j'avais de vous marier dès l'année passée ? Refuserez-vous encore de me donner la joie que j'attends de votre obéissance ? et voulez-vous me laisser mourir sans me donner cette satisfaction ? »

Le prince parut moins déconcerté que la

première fois, et il n'hésita pas long-temps à répondre en ces termes, avec fermeté : « Sire, dit-il, je n'ai pas manqué d'y penser avec l'attention que je devais ; mais après y avoir pensé mûrement, je me suis confirmé davantage dans la résolution de vivre sans m'engager dans le mariage. En effet, les maux infinis que les femmes ont causés de tout temps dans l'univers, comme je l'ai appris pleinement dans nos histoires, et ce que j'entends dire chaque jour de leur malice, sont des motifs qui me persuadent de n'avoir de ma vie aucune liaison avec elles. Ainsi, Votre Majesté me pardonnera si j'ose lui représenter qu'il est inutile qu'elle me parle davantage de me marier. » Il en demeura là, et quitta le Sultan son père brusquement, sans attendre qu'il lui dît autre chose.

Tout autre monarque que le roi Schahzaman aurait eu de la peine à ne pas s'emporter, après la hardiesse avec laquelle le prince son fils venait de lui parler, et à ne pas l'en faire repentir ; mais il le chérissait, et il voulait employer toutes les voies de douceur avant de le contraindre.

Il communiqua à son premier ministre le nouveau sujet de chagrin que Camaralzaman venait de lui donner. « J'ai suivi votre conseil, lui dit-il; mais Camaralzaman est plus éloigné de se marier qu'il ne l'était la première fois que je lui en parlai; et il s'en est expliqué en des termes si hardis, que j'ai eu besoin de ma raison et de toute ma modération pour ne me pas mettre en colère contre lui. Les pères qui demandent des enfans avec autant d'ardeur que j'ai demandé celui-ci, sont autant d'insensés qui cherchent à se priver eux-mêmes du repos dont il ne tient qu'à eux de jouir tranquillement. Dites-moi, je vous prie, par quels moyens je dois ramener un esprit si rebelle à mes volontés ? »

« Sire, reprit le grand-visir, on vient à bout d'une infinité d'affaires avec la patience; peut-être que celle-ci n'est pas d'une nature à y réussir par cette voie; mais Votre Majesté n'aura point à se reprocher d'avoir usé d'une trop grande précipitation, si elle juge à propos de donner une autre année au prince pour se consulter lui-même. Si, dans cet intervalle, il rentre dans son devoir, elle en aura une satisfaction d'autant plus grande, qu'elle n'aura employé que la bonté paternelle pour l'y obliger. Si, au contraire, il persiste dans son opiniâtreté, alors quand l'année sera expirée, il me semble que Votre Majesté aura lieu de lui déclarer, en plein conseil, qu'il est du bien de l'État qu'il se marie. Il n'est pas croyable qu'il vous manque de respect à la face d'une compagnie célèbre que vous honorez de votre présence. »

Le Sultan, qui désirait si passionnément de voir le prince son fils marié, que les momens d'un si long délai lui paraissaient des années, eut bien de la peine à se résoudre à attendre si long-temps. Il se rendit néanmoins aux raisons de son grand-visir, qu'il ne pouvait désapprouver....

Le jour, qui avait déjà commencé à paraître, imposa silence à Scheherazade en cet endroit. Elle reprit la suite du conte la nuit suivante, et dit au sultan Schahriar:

CCXIIIe NUIT.

Sire, après que le grand-visir se fut retiré, le sultan Schahzaman alla à l'appartement de la mère du prince Camaralzaman, à qui il y avait long-temps qu'il avait témoigné l'ardent désir qu'il avait de le marier. Quand il lui eut raconté avec douleur de quelle manière il venait de le refuser une seconde fois, et marqué l'indulgence qu'il voulait bien avoir encore pour lui, par le conseil de son grand-visir : « Madame, lui dit-il, je sais qu'il a plus de confiance en vous qu'en moi, que vous lui parlez, et qu'il vous écoute plus familièrement ; je vous prie de prendre le temps de lui en parler sérieusement, et de lui faire bien comprendre que s'il persiste dans son opiniâtreté, il me contraindra à la fin d'en venir à des extrémités dont je serais très-fâché, et qui le feraient repentir lui-même de m'avoir désobéi. »

Fatime, c'était ainsi que s'appelait la

mère de Camaralzaman, marqua au prince son fils, la première fois qu'elle le vit, qu'elle était informée du nouveau refus de se marier, qu'il avait fait au Sultan son père, et combien elle était fâchée qu'il lui eût donné un si grand sujet de colère. « Madame, reprit Camaralzaman, je vous supplie de ne pas renouveler ma douleur sur cette affaire : je craindrais trop, dans le dépit où j'en suis, qu'il ne m'échappât quelque chose contre le respect que je vous dois. » Fatime connut, par cette réponse, que la plaie était trop récente, et ne lui en parla pas davantage pour cette fois.

Long-temps après, Fatime crut avoir trouvé l'occasion de lui parler sur ce même sujet, avec plus d'espérance d'être écoutée. « Mon fils, dit-elle, je vous prie, si cela ne vous fait pas de peine, de me dire quelles sont donc les raisons qui vous donnent une si grande aversion pour le mariage. Si vous n'en avez pas d'autres que celle de la malice et de la méchanceté des femmes, elle ne peut pas être plus faible ni moins raisonnable. Je ne veux pas prendre la défense des méchantes femmes : il y en a un très-grand nombre, j'en suis très-persuadée ; mais c'est une injustice des plus criantes de les taxer toutes de l'être. Hé, mon fils ! vous arrêtez-vous à quelques-unes dont parlent vos livres, qui ont causé, à la vérité, de grands désordres, et que je ne veux pas excuser ? Mais que ne faites-vous attention à tant de Monarques, à tant de Sultans et à tant d'autres princes particuliers, dont les tyrannies, les barbaries et les cruautés font horreur à lire dans les histoires que j'ai lues comme vous ? Pour une femme, vous trouverez mille de ces tyrans et de ces barbares. Et les femmes honnêtes et sages, mon fils, qui ont le malheur d'être mariées à ces furieux, croyez-vous qu'elles soient fort heureuses ? »

« Madame, reprit Camaralzaman, je ne doute pas qu'il n'y ait un grand nombre de femmes sages, vertueuses, bonnes, douces et de bonnes mœurs. Plût à Dieu qu'elles vous ressemblassent toutes. Ce qui me révolte, c'est le choix douteux qu'un homme est obligé de faire pour se marier, ou plutôt qu'on ne lui laisse pas souvent la liberté de faire à sa volonté. Supposons que je me sois résolu à m'engager dans le mariage, comme le Sultan mon père le souhaite avec tant d'impatience, quelle femme me donnera-t-il ? Une princesse, apparemment, qu'il demandera à quelque prince de ses voisins, qui se fera un grand honneur de la lui envoyer. Belle ou laide, il faudra la prendre. Je veux qu'aucune autre princesse ne lui soit comparable en beauté, qui peut assurer qu'elle aura l'esprit bien fait, qu'elle sera traitable, complaisante, accueillante, prévenante, obligeante ; que son entretien ne sera que de choses solides, et non pas d'habillemens, d'ajustemens, d'ornemens, et de mille autres badineries qui doivent faire pitié à tout homme de bon sens ; en un mot, qu'elle ne sera pas fière, hautaine, fâcheuse, méprisante, et qu'elle n'épuisera pas tout un État par ses dépenses frivoles en habits, en pierreries, en bijoux, en magnificence folle et mal entendue ? Comme vous le voyez, Madame, voilà, sur un seul article, une infinité d'endroits par où je dois me dégoûter entièrement du mariage. Que cette princesse enfin soit si parfaite et si accomplie, qu'elle soit irréprochable sur chacun de tous ces points, j'ai un grand nombre de raisons encore plus fortes pour ne me pas désister de mon sentiment, non plus que de ma résolution. »

« Quoi ! mon fils, repartit Fatime, vous avez d'autres raisons après celles que vous venez de me dire ? Je prétendais cependant vous répondre, et vous fermer la bouche en un mot. » « Cela ne doit pas vous en empêcher, Madame, répliqua le prince ; j'aurai peut-être de quoi répliquer à votre réponse. »

« Je voulais dire, mon fils, dit alors Fatime, qu'il est aisé à un prince, quand il a eu le malheur d'avoir épousé une princesse telle que vous venez de la dépeindre, de la laisser, et de donner de bons ordres pour empêcher qu'elle ne ruine l'État. »

« Eh, Madame, reprit le prince Camaralzaman, ne voyez-vous pas quelle mortification terrible c'est à un prince d'être contraint d'en venir à cette extrémité? Ne vaut-il pas beaucoup mieux, pour sa gloire et pour son repos, qu'il ne s'y expose pas? »

« Mais, mon fils, dit encore Fatime, de la manière que vous l'entendez, je comprends que vous voulez être le dernier des Rois de votre race qui ont régné si glorieusement dans les îles des Enfans de Khaledan. »

« Madame, répondit le prince Camaralzaman, je ne souhaite pas de survivre au Roi mon père. Quand je mourrais avant lui, il n'y aurait pas lieu de s'en étonner, après tant d'exemples d'enfans qui meurent avant leurs pères. Mais il est toujours glorieux à une race de Rois de finir par un prince aussi digne de l'être, comme je tâcherais de me rendre tel que ses prédécesseurs, et que celui par où elle a commencé. »

Depuis ce temps-là, Fatime eut très-souvent de semblables entretiens avec le prince Camaralzaman, et il n'y a pas de biais par où elle n'ait tâché de déraciner son aversion. Mais il éluda toutes les raisons qu'elle put lui apporter, par d'autres raisons auxquelles elle ne savait que répondre, et il demeura inébranlable.

L'année s'écoula, et, au grand regret du sultan Schahzaman, le prince Camaralzaman ne donna pas la moindre marque d'avoir changé de sentiment. Un jour de conseil solennel enfin, que le premier visir, les autres visirs, les principaux officiers de la couronne, et les généraux d'armée étaient assemblés, le Sultan prit la parole, et dit au prince : « Mon fils, il y a long-temps que je vous ai marqué la passion avec laquelle je désirerais de vous voir marié, et j'attendais de vous plus de complaisance pour un père qui ne vous demandait rien que de raisonnable. Après une si longue résistance de votre part, qui a poussé ma patience à bout, je vous marque la même chose en présence de mon conseil. Ce n'est plus simplement pour obliger un père, que vous ne devriez pas avoir refusé, c'est que le bien de mes États l'exige, et que tous ces seigneurs le demandent avec moi. Déclarez-vous donc, afin que, selon votre réponse, je prenne les mesures que je dois. »

Le prince Camaralzaman répondit avec si peu de retenue, ou plutôt avec tant d'emportement, que le Sultan, justement irrité de la confusion qu'un fils lui donnait en plein conseil, s'écria : « Quoi ! fils dénaturé, vous avez l'insolence de parler ainsi à votre père et à votre Sultan ! » Il le fit arrêter par les huissiers, et conduire à une tour ancienne, mais abandonnée depuis long-temps, ou il fut enfermé, avec un lit, peu d'autres meubles, quelque livres, et un seul esclave pour le servir.

Camaralzaman, content d'avoir la liberté de s'entretenir avec ses livres, regarda sa prison avec assez d'indifférence. Sur le soir il se leva, il fit sa prière; et après avoir lu quelques chapitres de l'Alcoran avec la même tranquillité que s'il eût été dans son appartement au palais du Sultan son père, il se coucha sans éteindre la lampe, qu'il laissa près de son lit, et s'endormit.

Dans cette tour, il y avait un puits qui servait de retraite pendant le jour à une fée nommée Maimoune, fille de Damriat, roi ou chef d'une légion de Génies. Il était environ minuit, lorsque Maimoune s'élança légèrement au haut du puits pour aller par le monde, selon sa coutume, où sa curiosité la porterait. Elle fut fort étonnée de voir de la lumière dans la chambre du prince Camaralzaman. Elle y entra, et sans s'arrêter à l'esclave qui était couché à la porte, elle s'approcha du lit, dont la magnificence l'attira, elle fut plus surprise qu'auparavant, de voir que quelqu'un y était couché.

Le prince Camaralzaman avait le visage à demi caché sous la couverture. Maimoune la leva un peu, et elle vit le plus beau jeune homme qu'elle eût jamais vu en aucun endroit de la terre habitable qu'elle avait souvent parcourue. « Quel éclat, dit-elle en elle-même, ou plutôt quel prodige de beauté ne doit-ce pas être, lorsque les yeux que cachent des paupières si bien formées sont ouverts! Quel sujet peut-il avoir donné pour être traité d'une manière si indigne du haut rang dont il est? » Car elle avait déjà appris de ses nouvelles, et elle se douta de l'affaire.

Maimoune ne pouvait se lasser d'admirer le prince Camaralzaman; mais enfin, après l'avoir baisé sur chaque joue et au milieu du front, sans l'éveiller, elle remit la couverture comme elle était auparavant, et prit son vol dans l'air. Comme elle se fut élevée bien haut vers la moyenne région, elle fut frappée d'un bruit d'ailes qui l'obligea de voler du même côté. En approchant, elle connut que c'était un Génie qui faisait ce bruit, mais un Génie de ceux qui sont rebelles à Dieu; car pour Maimoune, elle était de ceux que le grand Salomon contraignit de reconnaître depuis ce temps-là.

Le Génie, qui se nommait Danhasch, et qui était fils de Schamhourach, reconnut aussi Maimoune, mais avec une grande frayeur. En effet, il connaissait qu'elle avait une grande supériorité sur lui par sa soumission à Dieu. Il aurait bien voulu éviter sa rencontre; mais il se trouva si près d'elle, qu'il fallait se battre ou céder.

Danhasch prévint Maimoune : « Brave

Maimoune, lui dit-il d'un ton de suppliant, jurez-moi, par le grand nom de Dieu, que vous ne me ferez pas de mal, et je vous promets, de mon côté, de ne pas vous en faire. »

« Maudit Génie, reprit Maimoune, quel mal peux-tu me faire ? Je ne te crains pas. Je veux bien t'accorder cette grâce, et je te fais le serment que tu me demandes. Dis-moi présentement d'où tu viens, ce que tu as vu, ce que tu as fait cette nuit ? » « Belle dame, répondit Danhasch, vous me rencontrez à propos pour entendre quelque chose de merveilleux..... »

La sultane Scheherazade fut obligée de ne pas poursuivre son discours plus avant, à cause de la clarté du jour qui se faisait voir. Elle cessa de parler, et la nuit suivante, elle continua en ces termes.

CCXIV^e NUIT.

Sire, dit-elle, Danhasch, le Génie rebelle à Dieu, poursuivit, et dit à Maimoune :

« Puisque vous le voulez, je vous dirai que je viens des extrémités de la Chine, où elles regardent les dernières îles de cet hémisphère..... Mais, charmante Maimoune, dit ici Danhasch, qui tremblait de peur à la présence de cette fée, et qui avait de la peine à parler, vous me promettez au moins de me pardonner, et de me laisser aller librement quand j'aurai satisfait à vos demandes? »

« Poursuis, poursuis, maudit, reprit Maimoune, et ne crains rien. Crois-tu que je sois une perfide comme toi, et que je sois capable de manquer au grand serment que je t'ai fait ? Prends bien garde seulement de ne me rien dire qui ne soit vrai : autrement je te couperai les ailes, et je te traiterai comme tu le mérites. »

Danhasch, un peu rassuré par ces paroles de Maimoune : « Ma chère dame, reprit-il, je ne vous dirai rien que de très-vrai ; ayez seulement la bonté de m'écouter. Le pays de la Chine, d'où je viens, est un des plus grands et des plus puissans royaumes de la terre, d'où dépendent les dernières îles de cet hémisphère dont je vous ai déjà parlé. Le Roi d'aujourd'hui s'appelle Gaïour, et ce Roi a une fille unique, la plus belle qu'on ait jamais vue dans l'univers, depuis que le monde est monde. Ni vous, ni moi, ni les Génies de votre parti ni du mien, ni de tous les hommes ensemble, nous n'avons pas de termes propres, d'expressions assez vives, ou d'éloquence suffisante pour en faire un portrait qui approche de ce qu'elle est en effet. Elle a les cheveux d'un brun et d'une si grande longueur, qu'ils lui descendent beaucoup plus bas que les pieds, et ils sont en si grande abondance, qu'ils ne ressemblent pas mal à une de ces belles grappes de raisin dont les grains sont d'une grosseur extraordinaire, lorsqu'elles les a accommodés en boules sur sa tête. Au-dessous de ses cheveux, elle a le front aussi uni que le miroir le mieux poli, et d'une forme admirable; les yeux noirs à fleur de tête, brillans et pleins de feu; le nez ni trop long ni trop court; la bouche petite et vermeille; les dents sont comme deux files de perles, qui surpassent les plus belles en blancheur; et quand elle remue la langue pour parler, elle rend une voix douce et agréable, et elle s'exprime par des paroles qui marquent la vivacité de son esprit ; le plus bel albâtre n'est pas plus blanc que sa gorge. De cette faible ébauche, enfin, vous jugerez aisément qu'il n'y a pas de beauté au monde plus parfaite.

« Qui ne connaîtrait pas bien le Roi, père de cette princesse, jugerait, aux marques de tendresse paternelle qu'il lui a données, qu'il en est amoureux. Jamais amant n'a fait pour la maîtresse la plus chérie ce qu'on lui a vu faire pour elle. En effet, la jalousie la plus violente n'a jamais fait imaginer ce que le soin de la rendre inaccessible à tout autre qu'à celui qui doit l'épouser, lui a fait inventer et exécuter. Afin qu'elle n'eût pas à s'ennuyer dans la retraite qu'il résolut qu'elle gardât, il lui a fait bâtir sept palais, à quoi on n'a jamais rien vu ni entendu de pareil.

« Le premier palais est de cristal de roche, le second de bronze, le troisième de fin acier, le quatrième d'une autre sorte de bronze plus précieux que le premier, et que l'acier, le cinquième de pierre de touche, le sixième d'argent, et le septième d'or massif. Il les a meublés d'une somptuosité inouie, chacun d'une façon proportionnée à la manière dont ils sont bâtis. Il n'a pas oublié, dans les jardins qui les accompagnent, les parterres de gazon ou émaillés de fleurs, les pièces d'eau, les jets d'eau, les canaux, les cascades, les bosquets plantés d'arbres à perte de vue, où le soleil ne pénètre jamais ; le tout d'une ordonnance différente en chaque jardin. Le roi Gaïour enfin a fait voir que l'amour paternel seul lui a fait faire une dépense presque immense.

« Sur la renommée de la beauté incomparable de la princesse, les Rois voisins les plus puissans envoyèrent d'abord la demander en mariage par des ambassades solennelles. Le roi de la Chine les reçut toutes avec le même accueil ; mais comme il ne voulait marier la princesse que de son consentement, et que la princesse n'agréait aucun des partis qu'on lui proposait, si les ambassadeurs se retiraient peu satisfaits, quant au sujet de leur ambassade, ils partaient au moins très-contens des civilités et des honneurs qu'ils avaient reçus.

« Sire, disait la princesse au roi de la Chine, vous voulez me marier, et vous croyez par-là me faire un grand plaisir. J'en suis persuadée, et je vous en suis très-obligée. Mais où pourrais-je trouver, ailleurs que près de Votre Majesté, des palais si superbes et des jardins si délicieux ? J'ajoute que, sous votre bon plaisir, je ne suis contrainte en rien, et qu'on me rend les mêmes honneurs qu'à votre propre personne. Ce sont des avantages que je ne trouverais en aucun autre endroit du monde, à quelque époux que je voulusse me donner. Les maris veulent toujours être les maîtres, et je ne suis pas d'humeur à me laisser commander. »

«Après plusieurs ambassades, il en arriva une de la part d'un Roi plus riche et plus puissant que tous ceux qui s'étaient présentés. Le roi de la Chine en parla à la princesse sa fille, et lui exagéra combien il lui serait avantageux de l'accepter pour époux. La princesse le supplia de vouloir l'en dispenser, et lui apporta les mêmes raisons qu'auparavant. Il la pressa ; mais au lieu de se rendre, la princesse perdit le respect qu'elle devait au Roi son père. « Sire, lui dit-elle en colère, ne me parlez plus de ce mariage, ni d'aucun autre ; sinon je m'enfoncerai le poignard dans le sein, et me délivrerai de vos importunités. »

« Le roi de la Chine, extrêmement indigné contre la princesse, lui repartit : « Ma fille, vous êtes une folle, et je vous traiterai en folle. » En effet, il la fit renfermer dans un seul appartement d'un de ses palais, et ne lui donna que dix vieilles femmes pour lui tenir compagnie et la servir, dont la principale était sa nourrice. Ensuite, afin que les Rois voisins qui lui avaient envoyé des ambassades ne songeassent plus à elle, il leur dépêcha des envoyés pour leur annoncer l'éloignement où elle était pour le mariage. Et comme il ne douta pas qu'elle ne fût véritablement folle, il chargea les mêmes envoyés de faire savoir dans chaque Cour que s'il y avait quelque médecin assez habile pour la guérir, il n'avait qu'à venir, et qu'il la lui donnnerait pour femme en récompense.

« Belle Maimoune, poursuivit Danhasch, les choses sont en cet état, et je ne manque pas d'aller régulièrement chaque jour contempler cette beauté incomparable, à qui je serais bien fâché d'avoir fait le moindre mal, nonobstant ma malice naturelle. Venez la voir, je vous en conjure : elle en vaut la peine. Quand vous aurez connu par vous-même que je ne suis pas un menteur, je suis persuadé que vous m'aurez quelque obligation de vous avoir fait voir une princesse qui n'a pas d'égale en beauté. Je suis prêt à vous servir de guide, vous n'avez qu'à commander. »

Au lieu de répondre à Danhasch, Maimoune fit de grands éclats de rire qui durèrent long-temps ; et Danhasch, qui ne savait à quoi en attribuer la cause, demeura dans un grand étonnement. Quand elle eut bien ri à plusieurs reprises : « Bon, bon, lui dit-elle, tu veux m'en faire accroire ! Je croyais que tu allais me parler de quelque chose de surprenant et d'extraordinaire, et tu me parles d'une chassieuse! Eh! fi! fi! que dirais-tu donc, maudit, si tu avais vu comme moi le beau prince que je viens de voir en ce moment, et que j'aime autant qu'il le mérite? Vraiment c'est bien autre chose; tu en deviendrais fou. »

« Agréable Maimoune, reprit Danhasch, oserais-je vous demander qui peut être ce prince dont vous me parlez? » « Sache, lui dit Maimoune, qu'il lui est arrivé à peu près la même chose qu'à la princesse dont tu viens de m'entretenir. Le Roi son père voulait le marier à toute force : après de longues et de grandes importunités, il a déclaré franc et net qu'il n'en ferait rien ; c'est la cause pourquoi, à l'heure que je te parle, il est en prison dans un vieille tour où je fais ma demeure, et où je viens de l'admirer. »

« Je ne veux pas absolument vous contredire, repartit Danhasch ; mais, ma belle dame, vous me permettrez bien, jusqu'à ce que j'aie vu votre prince, de croire qu'aucun mortel ni mortelle n'approche de la beauté de ma princesse. » « Tais-toi, maudit, répliqua Maimoune, je te dis encore une fois que cela ne peut pas être. » « Je ne veux pas m'opiniâtrer contre vous, ajouta Danhasch; le moyen de vous convaincre si je dis vrai ou faux, c'est d'accepter la proposition que je vous ai faite de venir voir ma princesse, et de me montrer ensuite votre prince. »

« Il n'est pas besoin que je prenne cette peine, reprit encore Maimoune : il y a un autre moyen de nous satisfaire l'un et l'autre; c'est d'apporter ta princesse, et de la mettre à côté de mon prince sur son lit. De la sorte, il nous sera aisé, à moi et à toi, de les comparer ensemble et de vider notre procès. »

Danhasch consentit à ce que la fée souhaitait, et il voulait retourner à la Chine sur-le-champ. Maimoune l'arrêta : « Attends, lui dit-elle, viens que je te montre auparavant la tour où tu dois apporter ta princesse. » Ils volèrent ensemble jusqu'à la tour, et quand Maimoune l'eut montrée à Danhasch : « Va prendre ta princesse, lui dit-elle, et fais vite; tu me trouveras ici. Mais écoute : j'entends au moins que tu me paieras une gageure, si mon prince se trouve plus beau que ta princesse, et je veux bien aussi t'en payer une, si ta princesse est plus belle..... »

Le jour, qui se faisait voir assez clairement, obligea Scheherazade de cesser de parler. Elle reprit la suite la nuit suivante, et dit au sultan des Indes :

CCXV^e NUIT.

Sire, Danhasch s'éloigna de la fée, se rendit à la Chine, et revint avec une diligence incroyable, chargé de la belle princesse endormie. Maimoune la reçut, et l'introduisit dans la chambre du prince Camaralzaman, où ils la posèrent ensemble sur le lit à côté de lui.

Quand le prince et la princesse furent ainsi à côté l'un de l'autre, il y eut une grande contestation sur la préférence de leur beauté entre le Génie et la Fée. Ils furent quelque temps à les admirer et à les comparer ensemble sans parler. Danhasch rompit le silence : « Vous le voyez, dit-il à Maimouné, et je vous l'avais bien dit, que ma princesse était plus belle que votre prince. En doutez-vous présentement ? »

« Comment, si j'en doute ! reprit Maimouné : oui, vraiment, j'en doute. Il faut que tu sois aveugle, pour ne pas voir que mon prince l'emporte de beaucoup au-dessus de ta princesse. Ta princesse est belle, je ne le désavoue pas ; mais ne te presse pas, et compare-les bien l'un avec l'autre sans prévention, tu verras que la chose est comme je le dis. »

« Quand je mettrais plus de temps à les comparer davantage, reprit Danhasch, je n'en penserais pas autrement que ce que j'en pense. J'ai vu ce que je vois du premier coup d'œil, et le temps ne me ferait pas voir autre chose que ce que je vois. Cela n'empêchera pas néanmoins, charmante Maimoune, que je ne vous cède, si vous le souhaitez. » « Cela ne sera pas ainsi, reprit Maimoune : je ne veux pas qu'un maudit Génie comme toi me fasse de grâce. Je remets la chose à un arbitre ; et si tu n'y consens, je prends gain de cause sur ton refus. »

Danhasch, qui était prêt à avoir toute autre complaisance pour Maimoune, n'eut pas plutôt donné son consentement, que Maimoune frappa la terre de son pied. La terre s'entr'ouvrit, et aussitôt il en sortit un Génie hideux, bossu, borgne et boiteux, avec six cornes à la tête, et les mains et les pieds crochus. Dès qu'il fut dehors, que la terre se fut rejointe, et qu'il eut aperçue Maimoune, il se jeta à ses pieds; et en demeurant un genou en terre, il lui demanda ce qu'elle souhaitait de son très-humble service.

« Levez-vous, Caschcasch, lui dit-elle (c'était le nom du Génie); je vous fais venir ici pour être juge d'une dispute que j'ai avec ce maudit Danhasch. Jetez les yeux sur ce lit, et dites-nous sans partialité qui vous paraît plus beau, du jeune homme ou de la jeune dame. »

Caschcasch regarda le prince et la princesse avec des marques d'une surprise et d'une admiration extraordinaires. Après qu'il les eut bien considérés sans pouvoir se déterminer : « Madame, dit-il à Maimoune, je vous avoue que je vous tromperais et que je me trahirais moi-même, si je disais que je trouve l'un plus beau que l'autre. Plus je les examine, et plus il me semble que chacun possède au souverain degré la beauté qu'ils ont en partage, autant que je puisse m'y connaître, et l'un n'a pas le moindre défaut par où l'on puisse dire qu'il cède à l'autre. Si l'un ou l'autre en a quelqu'un, il n'y a, selon mon avis, qu'un moyen pour en être éclairci. C'est de les éveiller l'un après l'autre, et que vous conveniez que celui qui témoignera plus d'amour par son ardeur, par son empressement, et même par son emportement pour l'autre, aura moins de beauté en quelque chose. »

Le conseil de Caschcasch plut agréablement à Maimoune et à Danhasch. Maimoune se changea en puce, et sauta au cou de Camaralzaman. Elle le piqua si vivement, qu'il s'éveilla et y porta la main; mais il ne prit rien. Maimoune avait été prompte à faire un saut en arrière, et à reprendre sa forme ordinaire, invisible néanmoins, comme les deux Génies, pour être témoin de ce qu'il allait faire.

En retirant la main, le prince la laissa tomber sur celle de la princesse de la Chine. Il ouvrit les yeux, et il fut dans la dernière surprise de voir une dame couchée près de lui, et une dame d'une si grande beauté. Il leva la tête, et s'appuya du coude pour la mieux considérer. La grande jeunesse de la princesse, et sa beauté incomparable, l'embrasèrent en un instant d'un feu auquel il n'avait pas encore été sensible, et dont il s'était gardé jusqu'alors avec tant d'aversion.

L'amour s'empara de son cœur de la manière la plus vive, et il ne put s'empêcher que de s'écrier : « Quelle beauté ! quels charmes ! Mon cœur ! mon ame ! » Et en disant ces paroles, il la baisa au front, aux deux joues et à la bouche, avec si peu de précaution, qu'elle se fût éveillée si elle n'eût dormi plus fort qu'à l'ordinaire par l'enchantement de Danhasch.

« Quoi ! ma belle dame, dit le prince, vous ne vous éveillez pas à ces marques d'amour du prince Camaralzaman ! Qui que vous soyez, il n'est pas indigne du vôtre. » Il allait l'éveiller tout de bon; mais il se retint tout à coup. « Ne serait-ce pas, dit-il en lui-même, celle que le Sultan, mon père, voulait me donner en mariage ? Il a eu grand tort de ne me la pas faire voir plus tôt. Je ne l'aurais pas offensé par ma désobéissance et par mon emportement si public contre lui, et il se fût épargné à lui-même la confusion que je lui ai donné. » Le prince Camaralzaman se repentit sincèrement de la faute qu'il avait commise, et il fut encore sur le point d'éveiller la princesse de la Chine. « Peut-être aussi, dit-il en se reprenant, que le Sultan, mon père, veut me surprendre : sans doute qu'il a envoyé cette jeune dame pour éprouver si j'ai véritablement autant d'aversion pour le mariage, que je lui en ai fait paraître. Qui sait s'il ne l'a pas amenée lui-même, et s'il n'est pas caché pour se faire voir et me faire honte de ma dissimulation ? Cette seconde faute serait de beaucoup plus grande que la première. A tout événement, je me contenterai de cette bague pour me souvenir d'elle. »

C'était une fort belle bague, que la princesse avait au doigt. Il la tira adroitement et mit la sienne à la place. Aussitôt il lui tourna le dos, et il ne fut pas long-temps à dormir d'un sommeil aussi profond qu'auparavant, par l'enchantement des Génies.

Dès que le prince Camaralzaman fut bien endormi, Danhasch se transforma en puce à son tour, et alla mordre la princesse au bas de la lèvre. Elle s'éveilla en sursaut, se mit sur son séant; et en ouvrant les yeux, elle fut fort étonnée de se voir couchée avec un homme. De l'étonnement elle passa à l'admiration, et de l'admiration à un épanchement de joie qu'elle fit paraître dès qu'elle eut vu que c'était un jeune homme si bien fait et si aimable.

« Quoi! s'écria-t-elle, est-ce vous que le Roi mon père m'avait destiné pour époux? Je suis bien malheureuse de ne l'avoir pas su : je ne l'aurais pas mis en colère contre moi, et je n'aurais pas été si long-temps privée d'un mari que je ne puis m'empêcher d'aimer de tout mon cœur. Eveillez-vous, éveillez-vous : il ne sied pas à un mari de tant dormir la première nuit de ses noces. »

En disant ces paroles, la princesse prit le prince Camaralzaman par le bras, et l'agita si fort, qu'il se fût éveillé, si dans le moment Maimoune n'eût augmenté son sommeil en augmentant son enchantement. Elle l'agita de même à plusieurs reprises ; et comme elle vit qu'il ne s'éveillait pas : « Eh quoi ! reprit-elle, que vous est-il arrivé ? Quelque rival, jaloux de votre bonheur et du mien, aurait-il eu recours à la magie, et vous aurait-il jeté dans cet assoupissement insurmontable, lorsque vous devez être plus éveillé que jamais ? » Elle lui prit la main ; en la baisant tendrement, elle s'aperçut de la bague qu'il avait au doigt. Elle la trouva si semblable à la sienne, qu'elle fut convaincue que c'était elle-même, quand elle eut vu qu'elle en avait une autre. Elle ne comprit pas comment cet échange s'était fait ; mais elle ne douta pas que ce ne fût la marque certaine de leur mariage. Lassée de la peine inutile qu'elle avait prise pour l'éveiller, et assurée, comme elle le pensait, qu'il ne lui échapperait pas : « Puisque je ne puis venir à bout de vous éveiller, dit-elle, je ne m'opiniâtre pas davantage à interrompre votre sommeil : à nous revoir. » Après lui avoir donné un baiser à la joue en prononçant ces dernières paroles, elle se recoucha, et mit très-peu de temps à se rendormir.

Quand Maimoune vit qu'elle pouvait parler sans craindre que la princesse de la Chine se réveillât : « Hé bien ! maudit, dit-elle à Danhasch, as-tu vu ? Est-tu convaincu que ta princesse est moins belle que mon prince ? Va, je veux bien te faire grâce de la gageure que tu me dois. Une autre fois crois-moi quand je t'aurai assuré quelque chose. » En se tournant du côté de Caschcasch : « Pour vous, ajouta-t-elle, je vous remercie. Prenez la princesse avec Danhasch, et remportez-la ensemble dans son lit, où il vous mènera. » Danhasch et Caschcasch exécutèrent l'ordre de Maimoune, et Maimoune se retira dans son puits.....

Le jour, qui commençait à paraître, imposa silence à la sultane Scheherazade.

Le sultan des Indes se leva, et la nuit suivante la Sultane continua de lui raconter le même conte en ces termes :

CCVIe NUIT.

Sire, dit-elle, le prince Camaralzaman, en s'éveillant le lendemain matin, regarda à côté de lui si la dame qu'il avait vue la même nuit y était encore. Quand il vit qu'elle n'y était plus : « Je l'avais bien pensé, dit-il en lui-même, que c'était une surprise que le Roi mon père voulait me faire : je me sais bon gré de m'en être gardé. » Il éveilla l'esclave, qui dormait encore, et le pressa de venir l'habiller, sans lui parler de rien. L'esclave lui apporta le bassin et l'eau ; il se lava, et, après avoir fait sa prière, il prit un livre, et lut quelque temps.

Après ces exercices ordinaires, Camaralzaman appela l'esclave : « Viens çà, lui dit-il, et ne mens pas. Dis-moi comment est venue la dame qui a couché cette nuit avec moi, et qui l'a amenée. »

« Prince, répondit l'esclave, avec un grand étonnement, de quelle dame entendez-vous parler ? » « De celle, te dis-je, reprit le prince, qui est venue, ou qu'on a amenée ici cette nuit, et qui a couché avec moi. » « Prince, repartit l'esclave, je vous jure que je n'en sais rien. Par où cette dame serait-elle venue, puisque je couche à la porte ? »

« Tu es un menteur, maraud, répliqua le prince, et tu es d'intelligence pour m'affliger davantage et me faire enrager. » En disant ces mots, il lui appliqua un soufflet dont il le jeta par terre ; et, après l'avoir foulé long-temps sous les pieds, il le lia au-dessous des épaules avec la corde du puits, le descendit dedans, et le plongea plusieurs fois dans l'eau par-dessus la tête : « Je te noyerai, s'écria-t-il, si tu ne me dis promptement qui est la dame, et qui l'a amenée. »

L'esclave, furieusement embarrassé, et moitié dans l'eau, moitié dehors, dit en lui-même : « Sans doute que le prince a perdu l'esprit de douleur, et je ne puis échapper que par un mensonge. Prince, dit-il d'un ton de suppliant, donnez-moi la vie, je vous en conjure; je promets de vous dire la chose comme elle est. »

Le prince retira l'esclave, et le pressa de parler. Dès qu'il fut hors du puits : « Prince, lui dit l'esclave en tremblant, vous voyez bien que je ne puis vous satisfaire dans l'état où je suis; donnez-moi le temps d'aller changer d'habit auparavant. » « Je te l'accorde, reprit le prince; mais fais vite, et prends bien garde de ne me pas cacher la vérité. »

L'esclave sortit, et, après avoir fermé la porte sur le prince, il courut au palais dans l'état où il était. Le Roi s'y entretenait avec son premier visir, et se plaignait à lui de la mauvaise nuit qu'il avait passée au sujet de la désobéissance et de l'emportement si criminel du prince son fils, en s'opposant à sa volonté.

Ce ministre tâchait de le consoler, et de lui faire comprendre que le prince lui-même lui avait donné lieu de le réduire. « Sire, lui disait-il, Votre Majesté ne doit pas se repentir de l'avoir fait arrêter. Pourvu qu'elle ait la patience de le laisser quelque temps dans sa prison, elle doit se persuader qu'il abandonnera cette fougue de jeunesse, et qu'enfin il se soumettra à tout ce qu'elle exigera de lui.

Le grand-visir achevait ces derniers mots, lorsque l'esclave se présenta au roi Schahzaman. « Sire, lui dit-il, je suis bien fâché de venir annoncer à Votre Majesté une nouvelle qu'elle ne peut écouter qu'avec un grand déplaisir. Ce qu'il dit d'une dame qui a couché cette nuit avec lui, et l'état où il m'a mis, comme Votre Majesté le peut voir, ne font que trop connaître qu'il n'est plus dans son bon sens. » Il fit ensuite le détail de tout ce que le prince Camaralzaman avait dit, et de la manière dont il l'avait traité, en des termes qui donnèrent créance à son discours.

Le Roi, qui ne s'attendait pas à ce nouveau sujet d'affliction : « Voici, dit-il à son premier ministre, un incident des plus fâcheux, bien différent de l'espérance que vous me donniez tout-à-l'heure. Allez, ne perdez pas de temps : voyez vous-même ce que c'est, et venez m'en informer. »

Le grand-visir obéit sur-le-champ, et en entrant dans la chambre du prince, il le trouva assis et fort tranquille, avec un livre à la main, qu'il lisait. Il le salua, et, après qu'il se fut assis près de lui : « Je veux un grand mal à votre esclave, lui dit-il, d'être venu effrayer le Roi votre père par la nouvelle qu'il vient de lui apporter. »

« Quelle est cette nouvelle, reprit le prince, qui peut lui avoir donné tant de frayeur ? J'ai un sujet bien plus grand de me plaindre de mon esclave. »

« Prince, repartit le visir, à Dieu ne plaise que ce qu'il a rapporté de vous soit véritable ! Le bon état où je vous vois, et où je prie Dieu qu'il vous conserve, me fait connaître qu'il n'en est rien. » « Peut-être, répliqua le prince, qu'il ne s'est pas bien fait entendre. Puisque vous êtes venu, je suis bien aise de demander à une personne comme vous, qui devez en savoir quelque chose, où est la dame qui a couché cette nuit avec moi. »

Le grand-visir demeura comme hors de lui-même à cette demande. « Prince, répondit-il, ne soyez pas surpris de l'étonnement que je fais paraître sur ce que vous me demandez. Serait-il possible, je ne dis pas qu'une dame, mais qu'aucun homme au monde eût pénétré de nuit jusqu'en ce lieu, où l'on ne peut entrer que par la porte, et qu'en marchant sur le ventre de votre esclave? De grâce, rappelez votre mémoire, et vous trouverez que vous avez eu un songe qui vous a laissé cette forte impression. »

« Je ne m'arrête pas à votre discours, reprit le prince d'un ton plus haut : je veux savoir absolument qu'est devenue cette dame; et je suis ici dans un lieu où je saurai me faire obéir. »

A ces paroles fermes, le grand-visir fut dans un embarras qu'on ne peut exprimer, et il songea au moyen de s'en tirer le mieux qu'il lui serait possible. Il prit le prince par la douceur, et il lui demanda, dans les termes les plus humbles et les plus ménagés, si lui-même il avait vu cette dame.

« Oui, oui, repartit le prince, je l'ai vue, et je me suis fort bien aperçu que vous me l'avez apostée pour me tenter. Elle a fort bien joué le rôle que vous lui avez prescrit, de ne pas dire un mot, de faire la dormeuse, et de se retirer dès que je serais endormi. Vous le savez, sans doute, et elle n'aura pas manqué de vous en faire le récit. »

« Prince, répliqua le grand-visir, je vous jure qu'il n'est rien de tout ce que je viens d'entendre de votre bouche, et que le Roi votre père et moi nous ne vous avons pas envoyé la dame dont vous parlez; nous n'en avons pas même eu la pensée. Permettez-moi de vous dire encore une fois que vous n'avez vu cette dame qu'en songe. »

« Vous venez donc pour vous moquer aussi de moi, répliqua encore le prince en colère, et pour me dire en face que ce que je vous dis est un songe. » Il le prit aussitôt par la barbe, et il le chargea de coups aussi long-temps que ses forces le lui permirent.

Le pauvre grand-visir essuya patiemment toute la colère du prince Camaralzaman par respect. « Me voilà, dit-il en lui-même dans le même cas que l'esclave : trop heureux si je puis échapper comme lui d'un si grand danger ! » Au milieu des coups dont le prince le chargeait encore : « Prince, s'écria-t-il, je vous supplie de me donner un moment d'audience. » Le prince, las de frapper, le laissa parler.

« Je vous avoue, Prince, dit alors le grand-visir en dissimulant, qu'il est quelque chose de ce que vous croyez. Mais vous n'ignorez pas la nécessité où est un ministre d'exécuter les ordres du Roi son maître. Si vous avez la bonté de me le permettre, je suis prêt à aller lui dire de votre part ce que vous m'ordonnez. » « Je vous le permets, lui dit le prince : allez, et dites-lui que je veux épouser la dame qu'il m'a envoyée ou amenée, et qui a couché cette nuit avec moi. Faites promptement, et apportez-moi la réponse. » Le grand-visir fit une profonde révérence en le quittant, et il ne se crut délivré que quand il fut hors de la tour, et qu'il eut refermé la porte sur le prince.

Le grand-visir se présenta devant le roi Schahzaman avec une tristesse qui l'affligea d'abord. « Eh bien, lui demanda ce monarque, en quel état avez-vous trouvé mon fils ? » « Sire, répondit ce ministre, ce que l'esclave a rapporté à Votre Majesté n'est que trop vrai. » Il lui fit le récit de l'entretien qu'il avait eu avec Camaralzaman, de l'emportement de ce prince, dès qu'il eut entrepris de lui représenter qu'il n'était pas possible que la dame dont il parlait eût couché avec lui ; du mauvais traitement qu'il avait reçu de lui, et de l'adresse dont il s'était servi pour échapper de ses mains.

Schahzaman, d'autant plus mortifié qu'il aimait toujours le prince avec tendresse, voulut s'éclaircir de la vérité par lui-même ; il alla le voir à la tour, et mena le grand-visir avec lui.....

Mais, Sire, dit ici la sultane Scheherazade en s'interrompant, je m'aperçois que le jour commence à paraître. Elle garda le silence ; et la nuit suivante, en reprenant son discours, elle dit au sultan des Indes :

CCXVIIe NUIT.

Sire, le prince Camaralzaman reçut le Roi son père dans la tour où il était en prison, avec un grand respect. Le Roi s'assit, et après qu'il eut fait asseoir le prince près de lui, il lui fit plusieurs demandes auxquelles il répondit d'un très bons sens. Et de temps en temps il regardait le grand-visir, comme pour lui dire qu'il ne voyait pas que le prince son fils eût perdu l'esprit, comme il l'avait assuré, et qu'il fallait qu'il l'eût perdu lui-même.

Le Roi enfin parla de la dame au prince. « Mon fils, lui dit-il, je vous prie de me dire ce que c'est que cette dame qui a couché cette nuit avec vous, à ce que l'on dit. »

« Sire, répondit Camaralzaman, je supplie Votre Majesté de ne pas augmenter le chagrin qu'on m'a déjà donné sur ce sujet ; faites-moi plutôt la grâce de me la donner en mariage. Quelque aversion que je vous aie témoignée jusqu'à présent pour les femmes, cette jeune beauté m'a tellement charmé, que je ne fais pas difficulté de vous avouer ma faiblesse. Je suis prêt à la recevoir de votre main avec la dernière obligation. »

Le roi Schahzaman demeura interdit à la réponse du prince, si éloignée, comme il lui semblait, du bons sens qu'il venait de faire paraître auparavant. « Mon fils, reprit-il, vous me tenez un discours qui me jette dans un étonnement dont je ne puis revenir.

« Je vous jure par la couronne qui doit passer à vous après moi, que je ne sais pas la moindre chose de la dame dont vous me parlez; je n'y ai aucune part, s'il en est venu quelqu'une. Mais comment aurait-elle pu pénétrer dans cette tour sans mon consentement ? Car quoi que vous en ait pu dire mon grand visir, il ne l'a fait que pour tâcher de vous apaiser. Il faut que ce soit un songe; prenez-y garde, je vous en conjure, et rappelez vos sens. »

« Sire, répartit le prince, je serais indigne à jamais des bontés de Votre

Majesté; si je n'ajoutais pas foi à l'assurance qu'elle me donne. Mais je la supplie de vouloir bien se donner la patience de m'écouter, et de juger si ce que j'aurai l'honneur de lui dire est un songe. »

Le prince Camaralzaman raconta alors au Roi son père de quelle manière il s'était éveillé. Il lui exagéra la beauté et les charmes de la dame qu'il avait trouvée à son côté, l'amour qu'il avait conçu pour elle en un moment, et tout ce qu'il avait fait inutilement pour la réveiller. Il ne lui cacha pas même ce qui l'avait obligé de se réveiller et de se rendormir, après qu'il eut fait échange de sa bague avec celle de la dame. En achevant enfin, et en lui présentant la bague qu'il tira de son doigt : « Sire, ajouta-t-il, la mienne ne vous est pas inconnue, vous l'avez vue plusieurs fois. Après cela, j'espère que vous serez convaincu que je n'ai pas perdu l'esprit, comme on vous l'a fait accroire. »

Le roi Schamzaman connut si clairement la vérité de ce que le prince son fils venait de lui raconter, qu'il n'eut rien à répliquer. Il en fut même dans un étonnement si grand, qu'il demeura long-temps sans dire un mot.

Le prince profita de ces momens: « Sire, lui dit-il encore, la passion que je sens pour cette charmante personne, dont je conserve la précieuse image dans mon cœur, est déjà si violente, que je ne me sens pas assez de force pour y résister. Je vous supplie d'avoir compassion de moi, et de me procurer le bonheur de la posséder. »

« Après ce que je viens d'entendre, mon fils, et après ce que je vois par cette bague, reprit le roi Schahzaman, je ne puis douter que votre passion ne soit réelle, et que vous n'ayez vu la dame qui l'a fait naître. Plût à Dieu que je la connusse cette Dame! vous seriez content dès aujourd'hui, et je serais le père le plus heureux du monde. Mais où la chercher? Comment et par où est-elle entrée ici, sans que j'en ai rien su et sans mon consentement? Pourquoi y est-elle entrée seulement pour dormir avec vous, pour vous faire voir sa beauté, vous enflammer d'amour pendant qu'elle dormait, et disparaître pendant que vous dormiez ? Je ne comprends rien dans cette aventure, mon fils; et si le Ciel ne nous est favorable, elle nous mettra au tombeau vous et moi. » En achevant ces paroles et en prenant le prince par la main : « Venez, ajouta-t-il, allons nous affliger ensemble, vous d'aimer sans espérance, et moi de vous voir affligé, et de ne pouvoir remédier à votre mal. »

Le roi Schahzaman tira le prince hors de la tour, et l'amena au palais, où le prince, au désespoir d'aimer de toute son ame une dame inconnue, se mit d'abord au lit. Le Roi s'enferma, et pleura plusieurs jours avec lui, sans vouloir prendre aucune connaissance des affaires de son royaume.

Son premier ministre, qui était le seul à qui il avait laissé l'entrée libre, vint un jour lui représenter que toute sa Cour et même les peuples commençaient à murmurer de ne le pas voir, de ce qu'il ne rendait plus la justice chaque jour à son ordinaire, et qu'il ne répondait pas du désordre qui pouvait arriver. » Je supplie Votre Majesté poursuivit-il, d'y faire attention. Je suis persuadé que sa présence soulage la douleur du prince, et que la présence du prince soulage la vôtre mutuellement; mais elle doit songer à ne pas laisser tout périr. Elle voudra bien que je lui propose de se transporter avec le prince au château de la petite île, peu éloignée du port, et de donner audience deux fois la semaine seulement. Pendant que cette fonction l'obligera de s'éloigner du prince, la beauté charmante du lieu, le bel air et la vue merveilleuse dont on y jouit, feront que le prince supportera votre absence, de peu de durée, avec plus de patience. »

Le roi Schahzaman approuva ce conseil; et dès que le château, où il n'était allé depuis long-temps, fut meublé, il y passa avec le prince, où il ne le quittait que pour donner les deux audiences précisément. Il passait le reste du temps au chevet de son lit, et tantôt il tâchait de lui donner de la consolation, tantôt il s'affligeait avec lui.

SUITE DE L'HISTOIRE
DE LA PRINCESSE DE LA CHINE.

Pendant que ces choses se passaient dans la capitale du roi Schahzaman, les deux Génies, Danhasch et Caschcasch avaient reporté la princesse de la Chine au palais où le roi de la Chine l'avait renfermée, et l'avaient remise dans son lit.

Le lendemain matin à son réveil, la princesse de la Chine regarda à droite et à gauche; et quand elle eut vu que le prince Camaralzaman n'était plus près d'elle, elle appela ses femmes d'une voix qui les fit accourir promptement, et environner son lit. La nourrice, qui se présenta à son chevet, lui demanda ce qu'elle souhaitait, et s'il lui était arrivé quelque chose.

« Dites-moi, reprit la princesse, qu'est devenu le jeune homme que j'aime de tout mon cœur, qui a couché cette nuit avec moi? » « Princesse, répondit la nourrice, nous ne comprenons rien à votre discours, si vous ne vous expliquez d'avantage. »

« C'est, reprit encore la princesse, qu'un jeune homme, le mieux fait et le plus aimable qu'on puisse imaginer, dormait près de moi cette nuit ; que je l'ai caressé long-temps, et que j'ai fait tout ce que j'ai pu pour l'éveiller, sans y réussir : je vous demande où il est. »

« Princesse, repartit la nourrice, c'est sans doute pour vous jouer de nous ce que vous en faites. Vous plaît-il de vous lever ? »

« Je parle très-sérieusement, répliqua la princesse, et je veux savoir où il est. »

« Mais, Princesse, insista la nourrice, vous étiez seule quand nous vous couchâmes hier au soir, et personne n'est entré pour coucher avec vous, que nous sachions, vos femmes et moi. »

La princesse de la Chine perdit patience ; elle prit sa nourrice par la tête, en lui donnant des soufflets et de grands coups de poing : « Tu me le diras, vieille sorcière, dit-elle, où je t'assommerai. »

La nourrice fit de grands efforts pour se tirer de ses mains. Elle s'en tira enfin, et elle alla sur-le-champ trouver la reine de la Chine, mère de la princesse. Elle se présenta les larmes aux yeux et le visage tout meurtri, au grand étonnement de la Reine, qui lui demanda qui l'avait mise en cet état.

« Madame, dit la nourrice, vous voyez le traitement que m'a fait la princesse : elle m'eût assommée, si je ne me fusse échappée de ses mains. » Elle lui raconta ensuite le sujet de sa colère et de son emportement, dont la Reine ne fut pas moins affligée que surprise. « Vous voyez, Madame, ajouta-t-elle en finissant, que la princesse est hors de son bon sens. Vous en jugerez vous-même, si vous prenez la peine de la venir voir. »

La tendresse de la reine de la Chine était trop intéressée dans ce qu'elle venait d'entendre : elle se fit suivre par la nourrice, et elle alla voir la princesse sa fille dès le même moment.

La sultane Scheherazade voulait continuer ; mais elle s'aperçut que le jour avait déjà commencé. Elle se tut ; et en reprenant le conte la nuit suivante, elle dit au Sultan des Indes :

CCXVIIIe NUIT.

Sire, la reine de la Chine s'assit près de la princesse sa fille, en arrivant dans l'appartement où elle était renfermée ; et après qu'elle se fut informée de sa santé, elle lui demanda quel sujet de mécontentement elle avait contre sa nourrice, qu'elle avait maltraitée. « Ma fille, dit-elle, cela n'est pas bien, et jamais une grande princesse comme vous ne doit se laisser emporter à cet excès. »

« Madame, répondit la princesse, je vois bien que Votre Majesté vient pour se moquer aussi de moi ; mais je vous déclare que je n'aurai pas de repos que je n'aie épousé l'aimable cavalier qui a couché cette nuit avec moi. Vous devez savoir où il est, je vous supplie de le faire revenir. »

« Ma fille reprit la Reine, vous me surprenez, et je ne comprends rien à votre discours. » La princesse perdit le respect. « Madame, repliqua-t-elle, le Roi mon père et vous m'avez persécutée pour me contraindre de me marier lorsque je n'en avais pas d'envie; cette envie m'est venue présentement, et je veux absolument avoir pour mari le cavalier que je vous ai dit : sinon je me tuerai. »

La Reine tâcha de prendre la princesse par la douceur. « Ma fille, lui dit-elle, vous savez bien vous-même que vous êtes seule dans votre appartement, et qu'aucun homme ne peut y entrer. » Mais au lieu d'écouter, la princesse l'interrompit, et fit des extravagances qui obligèrent la Reine de se retirer avec une grande affliction, et d'aller informer le Roi de tout.

Le roi de la Chine voulut s'éclaircir lui-même de la chose : il vint à l'appartement de la princesse sa fille, et il lui demanda si ce qu'il venait d'apprendre était véritable. « Sire, répondit-elle, ne parlons pas de cela; faites-moi seulement la grâce de me rendre l'époux qui a couché cette nuit avec moi. »

« Quoi, ma fille, reprit le Roi, est-ce que quelqu'un a couché avec vous cette nuit? » « Comment, Sire, repartit la princesse, sans lui donner le temps de poursuivre, vous me demandez si quelqu'un a couché avec moi ! Votre Majesté ne l'ignore pas. C'est le cavalier le mieux fait qui ait jamais paru sous le ciel. Je vous le redemande, ne me refusez pas, je vous en supplie. Afin que Votre Majesté ne doute pas, continua-t-elle, que je n'aie vu le cavalier, qu'il n'ait couché avec moi, que je ne l'aie caressé, et que je n'aie fait des efforts pour l'éveiller, sans y avoir réussi, voyez, s'il vous plaît, cette bague. » Elle avança la main ; et le roi de la Chine ne sut que dire quand il eut vu que c'était la bague d'un homme. Mais comme il ne pouvait rien comprendre à tout ce qu'elle lui disait, et qu'il l'avait renfermée comme folle, il la crut encore plus folle qu'auparavant. Ainsi, sans lui parler d'avantage, de crainte qu'elle ne fît quelque violence contre sa personne, ou contre ceux qui s'approcheraient d'elle, il la fit enchaîner et resserrer plus étroitement, et ne lui donna que sa nourrice pour la servir avec une bonne garde à la porte.

Le roi de la Chine, inconsolable du malheur qui était arrivé à la princesse sa fille, d'avoir perdu l'esprit, à ce qu'il croyait, songea aux moyens de lui procurer la guérison. Il assembla son conseil ; et après avoir exposé l'état où elle était : « Si quelqu'un de vous, ajouta-t-il, est assez habile pour entreprendre de la guérir, et qu'il y réussisse, je la lui donnerai en mariage, et le ferai héritier de mes États et de ma couronne après ma mort. »

Le désir de posséder une belle princesse, et l'espérance de gouverner un jour un royaume aussi puissant que celui de la Chine, firent un grand effet sur l'esprit d'un émir déjà âgé, qui était présent au conseil. Comme il était habile dans la magie, il se flatta d'y réussir, et s'offrit au Roi. « J'y consens, reprit le Roi ; mais je veux bien vous avertir auparavant que c'est à condition de vous faire couper le cou si vous ne réussissez pas : il ne serait pas juste que vous méritassiez une si grande récompense, sans risquer quelque chose de votre côté. Ce que je dis de vous, je le dis de tous les autres qui se présenteront après vous, au cas que vous n'acceptiez pas la condition, ou que vous ne réussissiez pas. »

L'émir accepta la condition, et le Roi le mena lui-même chez la princesse. La princesse se couvrit le visage dès qu'elle vit paraître l'émir. « Sire, dit-elle, Votre Majesté me surprend de m'amener un homme que je ne connais pas, et à qui la religion me défend de me laisser voir. »

« Ma fille, reprit le Roi, sa présence ne doit pas vous scandaliser : c'est un de mes émirs qui vous demande en mariage. »

« Sire, repartit la princesse, ce n'est pas celui que vous m'avez déjà donné, et dont j'ai reçu la foi par la bague que je porte : ne trouvez pas mauvais que je n'en accepte pas un autre. »

L'émir s'était attendu que la princesse ferait et dirait des extravagances. Il fut très-étonné de la voir tranquille, et parler de si bons sens, et il connut très-parfaitement qu'elle n'avait pas d'autre folie qu'un amour très-violent qui devait être bien fondé. Il n'osa pas prendre la liberté de s'en expliquer au Roi. Le Roi n'aurait pu souffrir que la princesse eût ainsi donné son cœur à un autre que celui qu'il voulait lui donner de sa main. Mais en se prosternant à ses pieds : « Sire, dit-il, après ce que je viens d'entendre, il serait inutile que j'entreprisse de guérir la princesse ; je n'ai pas de remèdes propres à son mal, et ma vie est à la disposition de Votre Majesté. » Le Roi, irrité de l'incapacité de l'émir, et de la peine qu'il lui avait donnée, lui fit couper la tête.

Quelques jours après, afin de n'avoir pas à se reprocher d'avoir rien négligé pour procurer la guérison à la princesse, ce monarque fit publier dans sa capitale, que s'il y avait quelque médecin, astrologue, magicien, assez expérimenté pour la rétablir en son bon sens, il n'avait qu'à venir se présenter, à condition de perdre la tête s'il ne la guérissait pas. Il envoya publier la même chose dans les principales villes de ses États et dans les Cours des princes ses voisins.

Le premier qui se présenta fut un astrologue et magicien, que le Roi fit conduire à la prison de la princesse par un eunuque. L'astrologue tira d'un sac qu'il avait apporté sous le bras, un astrolabe, une petite sphère, un réchaud, plusieurs sortes de drogues propres à des fumigations, un vase de cuivre, avec plusieurs autres choses, et demanda du feu.

La princesse de la Chine demanda ce que signifiait tout cet appareil. « Princesse, répondit l'eunuque, c'est pour conjurer le malin esprit qui vous possède, le renfermer dans le vase que vous voyez, et le jeter au fond de la mer. »

« Maudit astrologue, s'écria la princesse, sache que je n'ai pas besoin de tous ces préparatifs, que je suis dans mon bon sens, et que tu es insensé toi-même ! Si ton pouvoir va jusque-là, amène-moi seulement celui que j'aime ; c'est le meilleur service que tu puisses me rendre. » « Princesse, reprit l'astrologue, si cela est ainsi, ce n'est pas de moi, mais du Roi votre père uniquement, que vous devez l'attendre. » Il remit dans son sac ce qu'il en avait tiré, bien fâché de s'être engagé si facilement à guérir une maladie imaginaire.

Quand l'eunuque eut ramené l'astrologue devant le roi de la Chine, l'astrologue n'attendit pas que l'eunuque parlât au Roi, il lui parla lui-même d'abord. « Sire, lui dit-il avec hardiesse, selon que Votre Majesté l'a fait publier, et qu'elle me l'a confirmé elle-même, j'ai cru que la princesse était folle, et j'étais sûr de la rétablir en son bon sens par les secrets dont j'ai connaissance ; mais je n'ai pas été long-temps à reconnaître qu'elle n'a pas d'autre maladie que celle d'aimer, et mon art ne s'étend pas jusqu'à remédier au mal d'amour. Votre Majesté y remédiera mieux que personne, quand elle voudra lui donner le mari qu'elle demande. »

Le Roi traita cet astrologue d'insolent, et lui fit couper le cou. Pour ne pas ennuyer Votre Majesté par des répétitions, tant astrologues que médecins et magiciens, il s'en présenta cent cinquante, qui eurent tous le même sort, et leurs têtes furent rangées au-dessus de chaque porte de la ville.

HISTOIRE

DE MARZAVAN, AVEC LA SUITE DE CELLE DE CAMARALZAMAN.

La nourrice de la princesse de la Chine avait un fils nommé Marzavan, frère de lait de la princesse, qu'elle avait nourri et élevé avec elle. Leur amitié avait été si grande pendant leur enfance, tout le temps qu'ils avaient été ensemble, qu'ils se traitaient de frère et de sœur, même après que leur âge un peu avancé eut obligé de les séparer.

Entre plusieurs sciences dont Marzavan avait cultivé son esprit dès sa plus grande jeunesse, son inclination l'avait porté particulièrement à l'étude de l'astrologie judiciaire, de la géomance, et d'autres sciences secrètes, et il s'y était rendu très-habile. Non content de ce qu'il avait appris de ses maîtres, il s'était mis en voyage dès qu'il se fut senti assez de forces pour en supporter la fatigue. Il n'y avait pas d'homme célèbre en aucune science et en aucun art, qu'il n'eût été chercher dans les villes les plus éloignées, et qu'il n'eût fréquenté assez de temps pour en tirer toutes les connaissances qui étaient de son goût.

Après une absence de plusieurs années, Marzavan revint enfin à la capitale de la Chine; et les têtes coupées et rangées qu'il aperçut au-dessus de la porte par où il entra, le surprirent extrêmement. Dès qu'il fut rentré chez lui, il demanda pourquoi elles y étaient, et, sur toutes choses, il s'informa des nouvelles de la princesse, sa sœur de lait, qu'il n'avait pas oubliée. Comme on ne put le satisfaire sur la première demande, sans y comprendre la seconde, il apprit en gros ce qu'il souhaitait, avec bien de la douleur, en attendant que sa mère, nourrice de la princesse, lui en apprît davantage.

Scheherazade mit fin à son discours en cet endroit, pour cette nuit. Elle le reprit la suivante en ces termes, qu'elle adressa au sultan des Indes :

CCXIXᵉ NUIT.

Sire, dit-elle, quoique la nourrice, mère de Marzavan, fût très-occupée auprès de la princesse de la Chine, elle n'eut pas néanmoins plutôt appris que ce cher fils était de retour, qu'elle trouva le temps de sortir, de l'embrasser, et de s'entretenir quelques momens avec lui. Après qu'elle lui eut raconté, les larmes aux yeux, l'état pitoyable où était la princesse, et le sujet pourquoi le roi de la Chine lui faisait ce traitement, Marzavan lui demanda si elle ne pouvait pas lui procurer le moyen de la voir en secret, sans que le Roi en eût connaissance. Après que la nourrice y eut pensé quelques momens : « Mon fils, lui dit-elle, je ne puis vous rien dire là-dessus présentement ; mais attendez-moi demain à la même heure, je vous en donnerai la réponse. »

Comme, après la nourrice, personne ne pouvait s'approcher de la princesse que par la permission de l'eunuque qui commandait à la garde de la porte, la nourrice, qui savait qu'il était dans le service depuis peu, et qu'il ignorait ce qui s'était passé auparavant à la Cour du roi de la Chine, s'adressa à lui : « Vous savez, lui dit-elle, que j'ai élevé et nourri la princesse ; vous ne savez peut-être pas de même que je l'ai nourrie avec une fille de même âge que j'avais alors, et que j'ai mariée il n'y a pas long-temps. La princesse, qui lui fait l'honneur de l'aimer toujours, voudrait bien la voir ; mais elle souhaite que cela se fasse sans que personne la voie entrer ni sortir. »

La nourrice voulait parler davantage, mais l'eunuque l'arrêta. « Cela suffit, lui dit-il ; je ferai toujours avec plaisir tout ce qui sera en mon pouvoir pour obliger la princesse : faites venir, ou allez prendre votre fils vous-même quand il sera nuit, et amenez-là après que le Roi se sera retiré ; la porte lui sera ouverte. »

Dès qu'il fut nuit, la nourrice alla trouver son fils Marzavan. Elle le déguisa elle-même en femme, d'une manière que personne n'eût pu s'apercevoir que c'était un homme, et l'amena avec elle. L'eunuque, qui ne douta pas que ce fût sa fille, leur ouvrit la porte et les laissa entrer ensemble.

Avant de présenter Marzavan, la nourrice s'approcha de la princesse. « Madame, lui dit-elle, ce n'est pas une femme que vous voyez : c'est mon fils Marzavan, nouvellement arrivé de ses voyages, que j'ai trouvé moyen de faire entrer sous cet habillement. J'espère que vous voudrez bien qu'il ait l'honneur de vous rendre ses respects. »

Au nom de Marzavan, la princesse témoigna une grande joie. « Approchez-vous, mon frère, dit-elle aussitôt à Marzavan ; et ôtez ce voile : il n'est pas défendu à un frère et à une sœur de se voir à visage découvert. »

Marzavan la salua avec un grand respect ; et sans lui donner le temps de parler : « Je suis ravie, continua la princesse, de vous revoir en parfaite santé, après une absence de tant d'années, sans avoir mandé un seul mot de vos nouvelles, même à votre bonne mère. »

« Princesse, reprit Marzavan, je vous suis infiniment obligé de votre bonté. Je m'attendais à en apprendre à mon arrivée de meilleures des vôtres, que celles dont j'ai été informé, et dont je suis témoin avec toute l'affliction imaginable. J'ai bien de la joie cependant d'être arrivé assez tôt pour vous apporter, après tant d'autres qui n'y ont pas réussi, la guérison dont vous avez besoin. Quand je ne tirerais d'autre fruit de mes études et de mes voyages que celui-là, je ne laisserais pas de m'estimer bien récompensé. »

En achevant ces paroles Marzavan tira un livre et d'autres choses dont il s'était muni, et qu'il avait cru nécessaires, selon le rapport que sa mère lui avait fait de la maladie de la princesse. La princesse, qui vit cet attirail : « Quoi, mon frère, s'écria-t-elle, vous êtes donc aussi de ceux qui s'imaginent que je suis folle ? Désabusez-vous, et écoutez-moi. »

La princesse raconta à Marzavan toute son histoire, sans oublier une des moindres circonstances, jusqu'à la bague échangée contre la sienne, qu'elle lui montra. « Je ne vous ai rien déguisé, ajouta-t-elle, dans tout ce que vous venez d'entendre. Il est vrai qu'il y a quelque chose que je ne comprends pas, qui donne lieu de croire que je ne suis pas dans mon bon sens ; mais on ne fait pas attention au reste, qui est comme je le dis. »

Quand la princesse eut cessé de parler, Marzavan, rempli d'admiration et d'étonnement, demeura quelque temps les yeux baissés sans dire mot. Il leva enfin la tête, et, en prenant la parole : « Princesse, dit-il, si ce que vous venez de me raconter est véritable, comme j'en suis persuadé, je ne désespère pas de vous procurer la satisfaction que vous désirez. Je vous supplie seulement de vous armer de patience encore pour quelque temps, jusqu'à ce que j'aie parcouru des royaumes dont je n'ai pas encore approché ; et lorsque vous aurez appris mon retour, assurez-vous que celui pour qui vous soupirez avec tant de passion, ne sera pas loin de vous. » Après ces paroles, Marzavan prit congé de la princesse, et partit dès le lendemain.

Marzavan voyagea de ville en ville, de province en province et d'île en île; et dans chaque lieu où il arrivait, il n'entendait parler que de la princesse Badoure (c'est ainsi que se nommait la princesse de la Chine) et de son histoire.

Au bout de quatre mois, notre voyageur arriva à Torf, ville maritime, grande et très-peuplée, où il n'entendit plus parler de la princesse Badoure, mais du prince Camaralzaman, que l'on disait être malade, et dont l'on racontait l'histoire, à peu près semblable à celle de la princesse Badoure. Marzavan en eut une joie qu'on ne peut exprimer; il s'informa en quel endroit du monde était ce prince, et on le lui enseigna. Il y avait deux chemins: l'un par terre et par mer, et l'autre seulement par mer, qui était le plus court.

Marzavan choisit le dernier chemin, et il s'embarqua sur un vaisseau marchand, qui eut une heureuse navigation jusqu'à la vue de la capitale du royaume de

Schahzaman. Mais avant d'entrer au port; le vaisseau passa malheureusement sur un rocher par la mal-habileté du pilote. Il périt, et coula à fond à la vue et peu loin du château où était le prince Camaralzaman, et où le Roi son père, Schahzaman, se trouvait alors avec son grand-visir.

Marzavan savait parfaitement bien nager ; il n'hésita pas à se jeter à la mer, et il alla aborder au pied du château du roi Schahzaman, où il fut reçu et secouru par ordre du grand-visir, selon l'intention du Roi. On lui donna un habit à changer, on le traita bien ; et lorsqu'il fut remis, on le conduisit au grand-visir, qui avait demandé qu'on le lui amenât.

Comme Marzavan était un jeune homme très-bien fait et de bon air, ce ministre lui fit beaucoup d'accueil en le recevant, et il conçut une très-grande estime de sa personne par ses réponses justes et pleines d'esprit à toutes les demandes qu'il lui fit ; il s'aperçut même insensiblement qu'il avait mille belles connaissances. Cela l'obligea de lui dire : « A vous entendre, je vois que vous n'êtes pas un homme ordinaire. Plût à Dieu que dans vos voyages vous eussiez appris quelque secret propre à guérir un malade qui cause une grande affliction dans cette Cour depuis long-temps ! »

Marzavan répondit que s'il savait la maladie dont cette personne était attaquée, peut-être y trouverait-il un remède.

Le grand visir raconta alors à Marzavan l'état où était le prince Camaralzaman, en prenant la chose dès son origine. Il ne lui cacha rien de sa naissance, si fort souhaitée, de son éducation, du désir du roi Schahzaman de l'engager dans le mariage de bonne heure, de la résistance du prince, et de son aversion extraordinaire pour cet engagement, de sa désobéissance en plein conseil, de son emprisonnement, de ses prétendues extravagances dans la prison, qui s'étaient changées en une passion violente pour une dame inconnue, qui n'avait d'autre fondement qu'une bague que le prince prétendait être la bague de cette dame, laquelle n'était peut-être pas au monde.

A ce discours du grand-visir, Marzavan se réjouit infiniment de ce que, dans le malheur de son naufrage, il était arrivé si heureusement où était celui qu'il cherchait. Il connut, à n'en pas douter, que le prince Camaralzaman était celui pour qui la princesse de la Chine brûlait d'amour, et que cette princesse était l'objet des vœux si ardens du prince. Il ne s'en expliqua pas au grand-visir ; il lui dit seulement que s'il voyait le prince, il jugerait mieux du secours qu'il pourrait lui donner. « Suivez-moi, lui dit le grand-visir, vous trouverez le Roi près de lui, qui m'a déjà marqué qu'il voulait vous voir. »

La première chose dont Marzavan fut frappé en entrant dans la chambre du prince, fut de le voir dans son lit, languissant et les yeux fermés. Quoiqu'il fût en cet état, sans avoir égard au roi Schahzaman, père du prince, qui était assis près de lui, ni au prince que cette liberté pouvait incommoder, il ne laissa pas de s'écrier : « Ciel ! rien au monde n'est plus semblable ! » Il voulait dire qu'il le trouvait ressemblant à la princesse de la

Chine ; et il était vrai qu'ils avaient beaucoup de ressemblance dans les traits.

Ces paroles de Marzavan donnèrent de la curiosité au prince Camaralzaman, qui ouvrit les yeux et le regarda. Marzavan, qui avait infiniment d'esprit, profita de ce moment, et lui fit son compliment en vers sur-le-champ, quoique d'une manière enveloppée, où le Roi et le grand-visir ne comprirent rien. Il lui dépeignit si bien ce qui lui était arrivé avec la princesse de la Chine, qu'il ne lui laissa pas lieu de douter qu'il ne la connût, et qu'il ne pût lui en apprendre des nouvelles. Il en eut d'abord une joie dont il laissa paraître des marques dans ses yeux et sur son visage.....

La sultane Scheherazade n'eut pas le temps d'en dire davantage cette nuit. Le Sultan lui donna celui de le reprendre la nuit suivante, et de lui parler en ces termes :

CCXXᵉ NUIT.

Sire, quand Marzavan eut achevé son compliment en vers, qui surprit le prince Camaralzaman si agréablement, le prince prit la liberté de faire signe de la main au Roi son père de vouloir bien s'ôter de sa place, et de permettre que Marzavan s'y mît.

Le Roi, ravi de voir dans le prince son fils un changement qui lui donnait bonne espérance, se leva, prit Marzavan par la main, et l'obligea de s'asseoir à la même place qu'il venait de quitter. Il lui demanda qui il était, et d'où il venait; et après que Marzavan lui eut répondu qu'il était sujet du roi de la Chine, et qu'il venait de ses États : « Dieu veuille, dit-il, que vous tiriez mon fils de sa mélancolie ! Je vous en aurai une obligation infinie, et les marques de ma reconnaissance seront si éclatantes, que toute la terre reconnaîtra que jamais service n'aura été mieux récompensé. » En achevant ces paroles, il laissa le prince son fils dans la liberté de s'entretenir avec Marzavan, pendant qu'il se réjouissait d'une rencontre si heureuse avec son grand-visir.

Marzavan s'approcha de l'oreille du prince Camaralzaman; et, en lui parlant bas : « Prince, dit-il, il est temps désormais que vous cessiez de vous affliger si impitoyablement. La dame pour qui vous souffrez m'est connue : c'est la princesse Badoure, fille du roi de la Chine, qui se nomme Gaïour. Je puis vous en assurer sur ce qu'elle m'a appris elle-même de son aventure, et sur ce que j'ai appris de la vôtre. La princesse ne souffre pas moins pour l'amour de vous, que vous souffrez pour l'amour d'elle. » Il lui fit ensuite le récit de tout ce qu'il savait de l'histoire de la princesse, depuis la nuit fatale qu'ils s'étaient entrevus d'une manière si peu croyable; il n'oublia pas le traitement que le roi de la Chine faisait à ceux qui entreprenaient en vain de guérir la princesse Badoure de sa folie prétendue. » Vous êtes le seul, ajouta-t-il, qui puissiez la guérir parfaitement, et vous présenter pour cela sans crainte. Mais avant d'entreprendre un si grand voyage, il faut que vous vous portiez bien : alors, nous prendrons les mesures nécessaires. Songez donc incessamment au rétablissement de votre santé. »

Le discours de Marzavan fit un puissant effet ; le prince Camaralzaman en fut tellement soulagé par l'espérance qu'il venait de concevoir, qu'il se sentit assez de force pour se lever, et qu'il pria le Roi son père de lui permettre de s'habiller, d'un air qui lui donna une joie incroyable.

Le Roi ne fit qu'embrasser Marzavan pour le remercier, sans s'informer du moyen dont il s'était servi pour faire un effet si surprenant, et il sortit aussitôt de la chambre du prince avec le grand-visir, pour publier cette agréable nouvelle. Il ordonna des réjouissances de plusieurs jours ; il fit des largesses à ses officiers et au peuple, des aumônes aux pauvres, et fit élargir tous les prisonniers. Tout retentit enfin de joie et d'allégresse dans la capitale, et bientôt dans tous les Etats du roi Schahzaman.

Le prince Camaralzaman, extrêmement affaibli par des veilles continuelles, et par une longue abstinence, presque de toute sorte d'alimens, eut bientôt recouvré sa première santé. Quand il sentit qu'elle était assez bien rétablie pour supporter la fatigue d'un voyage, il prit Marzavan en particulier. « Cher Marzavan, lui dit-il, il est temps d'exécuter la promesse que vous m'avez faite. Dans l'impatience où je suis de voir la charmante princesse, et de mettre fin aux tourmens étrangers qu'elle souffre pour l'amour de moi, je sens bien que je retomberais dans le même état où vous m'avez vu, si nous ne partions incessamment. Une chose m'afflige, et m'en fait craindre le retardement : c'est la tendresse importune du Roi mon père, qui ne pourra jamais se résoudre à m'accorder la permission de m'éloigner de lui. Ce sera une désolation pour moi, si vous ne trouvez le moyen d'y remédier. Vous voyez vous-même qu'il ne me perd presque pas de vue. » Le prince ne put retenir ses larmes en achevant ces paroles.

« Prince, reprit Marzavan, j'ai déjà

prévu le grand obstacle dont vous me parlez : c'est à moi de faire en sorte qu'il ne nous arrête pas. Le premier dessein de mon voyage a été de procurer à la princesse de la Chine la délivrance de ses maux, et cela par toutes les raisons de l'amitié mutuelle dont nous nous aimons presque dès notre naissance, du zèle et de l'affection que je lui dois d'ailleurs. Je manquerais à mon devoir si je n'en profitais pas pour sa consolation, et en même-temps pour la vôtre, et si je n'y employais toute l'adresse dont je suis capable. Voici donc ce que j'ai imaginé pour lever la difficulté d'obtenir la permission du Roi, votre père, telle que nous la souhaitons vous et moi. Vous n'êtes pas encore sorti depuis mon arrivée ; témoignez-lui que vous désirez de prendre l'air, et demandez-lui la permission de faire une partie de chasse de deux ou trois jours avec moi : il n'y pas d'apparence qu'il vous la refuse. Quand il vous l'aura accordée, vous donnerez ordre qu'on nous tienne a chacun deux bons chevaux prêts, l'un pour monter, et l'autre de relais, et laissez-moi faire le reste. »

Le lendemain le prince Camaralzaman prit son temps : il témoigna au Roi son père l'envie qu'il avait de prendre un peu l'air, et le pria de trouver bon qu'il allât à la chasse un jour ou deux avec Marzavan. « Je le veux bien, lui dit le Roi, à la charge néanmoins que vous ne coucherez pas dehors plus d'une nuit. Trop d'exercice dans les commencemens pourrait vous nuire, et une absence plus longue me ferait de la peine. » Le Roi commanda qu'on lui choisît les meilleurs chevaux, et il prit bien soin lui-même que rien ne lui manquât. Lorsque tout fut prêt, il l'embrassa ; et après avoir recommandé à Marzavan de bien prendre soin de lui, il le laissa partir.

Le prince Camaralzaman et Marzavan gagnèrent la campagne ; et pour amuser les deux palefreniers qui conduisaient les chevaux de relais, ils firent semblant de chasser, et ils s'éloignèrent de la ville autant qu'il leur fut possible. A l'entrée de la nuit, ils s'arrêtèrent dans un logement de caravanes, où ils soupèrent, et dormirent environ jusqu'à minuit. Marzavan, qui s'éveilla le premier, éveilla aussi le prince Camaralzaman, sans éveiller les palefreniers. Il pria le prince de lui donner son habit, et d'en prendre un autre qu'un des palefreniers avait apporté. Ils montèrent chacun le cheval de relais qu'on leur avait amené; et après que Marzavan eut pris le cheval d'un des palfreniers par la bride, ils se mirent en chemin, en marchant au grand pas de leurs chevaux.

A la pointe du jour, les deux cavaliers se trouvèrent dans une forêt, en un endroit où le chemin se partageait en quatre. En cet endroit-là, Marzavan pria le prince de l'attendre un moment, et entra dans la forêt. Il y égorgea le cheval du palefrenier, déchira l'habit que le prince avait quitté, le teignit dans le sang; et lorsqu'il eut rejoint le prince, il le jeta au milieu du chemin à l'endroit où il se partageait.

Le prince Camaralzaman demanda à Marzavan quel était son dessein. « Prince, répondit Marzavan, dès que le Roi votre père verra ce soir que vous ne serez pas de retour, ou qu'il aura appris des palefreniers que nous serons partis sans eux pendant qu'ils dormaient, il ne manquera pas de mettre des gens en campagne pour courir après nous. Ceux qui viendront de ce côté, et qui rencontreront cet habit ensanglanté, ne douteront pas que quelque bête ne vous ait dévoré, et que je ne me sois échappé, de crainte de sa colère. Le Roi, qui ne vous croira plus au monde, selon leur rapport, cessera d'abord de vous faire chercher, et nous donnera lieu de continuer notre voyage sans craindre d'être poursuivis. La précaution est véritablement violente, de donner ainsi tout-à-coup l'alarme assommante de la mort d'un fils à un père qui l'aime si passionnément; mais la joie du Roi votre père en sera plus grande, quand il apprendra que vous serez en vie et content. » « Brave Marzavan, reprit le prince Camaralzaman, je ne puis qu'approuver un stratagème si ingénieux, et je vous en ai une nouvelle obligation. »

Le prince et Marzavan, munis de bonnes

pierreries pour leur dépense, continuèrent leur voyage par terre et par mer, et ils ne trouvèrent d'autre obstacle que la longueur du temps qu'il fallut y mettre de nécessité. Ils arrivèrent enfin à la capitale de la Chine, où Marzavan, au lieu de mener le prince chez lui, fit mettre pied à terre dans un logement public des étrangers. Ils y demeurèrent trois jours à se délasser de la fatigue du voyage; et dans cet intervalle, Marzavan fit faire un habit d'astrologue pour déguiser le prince. Les trois jours passés, ils allèrent au bain ensemble, où Marzavan fit prendre l'habillement d'astrologue au prince, et à la sortie du bain il le conduisit jusqu'à la vue du palais du roi de la Chine, où il le quitta pour aller faire avertir la mère nourrice de la princesse Badoure de son arrivée, afin qu'elle en donnât avis à la princesse....

La sultane Scheherazade en était à ces derniers mots, lorsqu'elle s'aperçut que le jour avait déjà commencé de paraître. Elle cessa aussitôt de parler; et en poursuivant, la nuit suivante, elle dit au sultan des Indes :

CCXXI^e NUIT.

Sire, le prince Camaralzaman, instruit par Marzavan de ce qu'il devait faire, et muni de tout ce qui convenait à un astrologue avec son habillement, s'avança jusqu'à la porte du palais du roi de la Chine; et en s'arrêtant, il cria à haute voix, en présence de la garde et des portiers : « Je « suis astrologue; et je viens donner la « guérison à la respectable princesse Badoure, fille du haut et puissant monarque Gaïour, roi de la Chine, aux conditions proposées par Sa Majesté de l'épouser si je réussis, ou de perdre la vie si je ne réussis pas. »

Outre les gardes et les portiers du Roi, la nouveauté fit assembler en un instant une infinité de peuple autour du prince Camaralzaman. En effet, il y avait long-temps qu'il ne s'était présenté ni médecin, ni astrologue, ni magicien, depuis tant d'exemples tragiques de ceux qui avaient échoué dans leur entreprise. On croyait qu'il n'y en avait plus au monde, ou du moins qu'il n'y en avait plus d'aussi insensés.

A voir la bonne mine du prince, son air noble, la grande jeunesse qui paraissait sur son visage, il n'y en eut pas un à qui il ne fît compassion. « A quoi pensez-vous, Seigneur? lui dirent ceux qui étaient le plus près de lui; quelle est votre fureur d'exposer ainsi à une mort certaine une vie qui donne de si belles espérances? Les têtes coupées que vous avez vues au-dessus des portes, ne vous ont-elles pas fait horreur? Au nom de Dieu, abandonnez ce dessein de désespéré; retirez-vous. »

A ces remontrances, le prince Camaralzaman demeura ferme; et au lieu d'écouter ces harangueurs, comme il vit que personne ne venait pour l'introduire, il répéta le même cri avec une assurance qui fit frémir tout le monde; et tout le monde s'écria alors: « Il est résolu à mourir, Dieu veuille avoir pitié de sa jeunesse et de son ame! » Il cria une troisième fois, et le grand-visir enfin vint le prendre en personne de la part du roi de la Chine.

Ce ministre conduisit Camaralzaman devant le Roi. Le prince ne l'eut pas plutôt aperçu assis sur son trône, qu'il se prosterna et baisa la terre devant lui. Le Roi, qui de tous ceux qu'une présomption demesurée avait fait venir apporter leurs têtes à ses pieds, n'en avait encore vu aucun digne qu'il arrêtât ses yeux sur lui, eut une véritable compassion de Camaralzaman, par rapport au danger auquel il s'exposait. Il lui fit aussi plus d'honneur ; il voulut qu'il s'approchât et s'assît près de lui : « Jeune homme, lui dit-il, j'ai de la peine à croire que vous ayiez acquis à votre âge assez d'expérience pour oser entreprendre de guérir ma fille. Je voudrais que vous pussiez y réussir, je vous la donnerais en mariage, non-seulement sans répugnance, mais même avec la plus grande joie du monde; au lieu que je l'aurais donnée avec bien du déplaisir à qui que ce fût de ceux qui sont venus avant vous. Mais je vous déclare avec bien de la douleur, que si vous y manquez, votre grande jeunesse, votre air de noblesse, ne m'empêcheront pas de vous faire couper le cou. »

« Sire, reprit le prince Camaralzaman, j'ai des grâces infinies à rendre à Votre Majesté de l'honneur qu'elle me fait, et de tant de bontés qu'elle témoigne pour un inconnu. Je ne suis pas venu d'un pays si éloigné, que son nom n'est peut-être pas connu dans vos États, pour ne pas exécuter le dessein qui m'y a amené. Que ne dirait-on pas de ma légèreté, si j'abandonnais un dessein si généreux, après tant de fatigues et tant de dangers que j'ai essuyés? Votre Majesté elle-même ne perdrait-elle pas l'estime qu'elle a déjà conçue de ma personne? Si j'ai à mourir, Sire, je mourrai avec la satisfaction de n'avoir pas perdu cette estime après l'avoir méritée : Je vous supplie donc de ne me pas laisser plus long-temps dans l'impatience de faire connaître la certitude de mon art, par l'expérience que je suis prêt à en donner. »

Le roi de la Chine commanda à l'eunuque, garde de la princesse Badoure, qui était présent, de mener le prince Camaralzaman chez la princesse sa fille. Avant de le laisser partir, il lui dit qu'il était encore à sa liberté de s'abstenir de son entreprise. Mais le prince ne l'écouta pas: il suivit l'eunuque avec une résolution, ou plutôt avec une ardeur étonnante.

L'eunuque conduisit le prince Camaralzaman; et quand ils furent dans une longue galerie au bout de laquelle était l'appartement de la princesse, le prince, qui se vit si près de l'objet qui lui avait fait verser tant de larmes, et pour lequel il n'avait cessé de soupirer depuis si long-temps, pressa le pas, et devança l'eunuque.

L'eunuque pressa le pas de même, et eut de la peine à le rejoindre. « Où allez-vous donc si vite? lui dit-il en l'arrêtant par le bras; vous ne pouvez pas entrer sans moi. Il faut que vous ayez une grande envie de mourir, pour courir si vite à la mort. Pas un de tant d'astrologues que j'ai vus et que j'ai amenés où vous n'arriverez que trop tôt, n'a témoigné cet empressement. »

« Mon ami, reprit le prince Camaralzaman en regardant l'eunuque et en marchant à son pas, c'est que tous ces astrologues dont tu parles n'étaient pas sûrs de leur science comme je le suis de la mienne. Ils savaient avec certitude qu'ils perdraient la vie, s'ils ne réussissaient pas, et ils n'en n'avaient aucune de réussir. C'est pour cela qu'ils avaient raison de trembler en approchant du lieu où je vais, et où je suis certain de trouver mon bonheur. » Il en était à ces mots lorsqu'ils arrivèrent à la porte. L'eunuque ouvrit, et introduisit le prince dans une grande salle d'où l'on entrait dans la chambre de la princesse, qui n'était fermée que par une portière.

Avant d'entrer, le prince Camaralzaman s'arrêta ; et en prenant un ton beaucoup plus bas qu'auparavant, de peur qu'on ne l'entendît de la chambre de la princesse : Pour te convaincre, dit-il à l'eunuque, qu'il n'y a ni présomption, ni caprice, ni feu de jeunesse dans mon entreprise, je laisse l'un des deux à ton choix : qu'aimes-tu mieux, que je guérisse la princesse en ta présence, ou d'ici, sans aller plus avant et sans la voir ? »

L'eunuque fut extrêmement étonné de

l'assurance avec laquelle le prince lui parlait. Il cessa de l'insulter; et, en lui parlant sérieusement : « Il n'importe pas, lui dit-il, que ce soit là ou ici. De quelque manière que ce soit, vous acquerrez une gloire immortelle, non-seulement dans cette Cour, mais même par toute la terre habitable. »

Il vaut donc mieux, reprit le prince, que je la guérisse sans la voir, afin que tu rendes témoignage de mon habileté. Quelle que soit mon impatience de voir une princesse d'un si haut rang, qui doit être mon épouse, en ta considération néanmoins je veux bien me priver quelques momens de ce plaisir. « Comme il était fourni de tout ce qui distinguait un astrologue, il tira son écritoire et du papier, et écrivit ce billet à la princesse de la Chine :

BILLET

DU PRINCE CAMARALZAMAN
A LA PRINCESSE DE LA CHINE.

« Adorable princesse, l'amoureux
« prince Camaralzaman ne vous parle pas
« des maux inexprimables qu'il souffre

« depuis la nuit fatale que vos charmes
« lui firent perdre une liberté qu'il avait
« résolue de conserver toute sa vie. Il
« vous marque seulement que lorsqu'il
« vous donna son cœur dans votre char-
« mant sommeil : sommeil importun qui
« le priva du vif éclat de vos beaux yeux,
« malgré ses efforts pour vous obliger de
« les ouvrir. Il osa même vous donner sa
« bague pour marque de son amour, et
« prendre la vôtre en échange, qu'il vous
« envoie dans ce billet. Si vous daignez
« la lui renvoyer pour gage réciproque
« du vôtre, il s'estimera le plus heureux de
« tous les amans : sinon, votre refus ne
« l'empêchera pas de recevoir le coup de
« la mort avec une résignation d'autant
« plus grande, qu'il le recevra pour
« l'amour de vous. Il attend votre réponse
« dans votre antichambre. »

Lorsque le prince Camaralzaman eut achevé ce billet, il en fit un paquet avec la bague de la princesse, qu'il enveloppa dedans, sans faire voir à l'eunuque ce que c'était ; et, en le lui donnant : « Ami, dit-il, prends, et porte ce paquet à ta maîtresse. Si elle ne guérit du moment qu'elle aura lu le billet, et vu ce qui l'accompagne, je te permets de publier que je suis le plus indigne et le plus impudent de tous les astrologues qui ont été, qui sont et qui seront à jamais......

Le jour, que la sultane Scheherazade vit paraître en achevant ces paroles, l'obligea d'en demeurer là. Elle poursuivit la nuit suivante, et dit au sultan des Indes:

CCXXII^e NUIT.

SIRE, l'eunuque entra dans la chambre de la princesse de la Chine, et, en lui présentant le paquet que le prince Camaralzaman lui envoyait : « Princesse, dit-il, un astrologue plus téméraire que les autres, si je ne me trompe, vient d'arriver, et prétend que vous serez guérie dès que vous aurez lu ce billet, et vu ce qui est dedans. Je souhaiterais qu'il ne fût ni menteur ni imposteur. »

La princesse Badoure prit le billet et l'ouvrit avec assez d'indifférence ; mais dès qu'elle eut vu sa bague, elle ne se donna presque pas le loisir d'achever de lire. Elle se leva avec précipitation, rompit la chaîne qui la tenait attachée, de l'effort qu'elle fit, courut à la portière, et l'ouvrit. La princesse reconnut le prince ; le prince la reconnut. Aussitôt ils coururent l'un à l'autre, s'embrassèrent tendrement ; et, sans pouvoir parler, dans l'excès de leur joie, ils se regardèrent long-temps, en admirant comment ils se revoyaient après leur première entrevue, à laquelle ils ne pouvaient rien comprendre. La nourrice, qui était accourue avec la princesse, les fit entrer dans la chambre, où la princesse rendit sa bague au prince. « Reprenez-la, lui dit-elle ; je ne pourrais pas la retenir, sans vous rendre la vôtre, que je veux garder toute ma vie : elles ne peuvent être l'une et l'autre en de meilleures mains. »

L'eunuque cependant était allé en diligence avertir le roi de la Chine de ce qui venait de se passer. « Sire, lui dit-il, tous les astrologues, médecins et autres qui ont osé entreprendre de guérir la princesse jusqu'à présent, n'étaient que des ignorans. Ce dernier venu ne s'est servi ni de grimoire, ni de conjurations d'esprits malins, ni de parfums, ni d'autres choses; il l'a guérie sans la voir. » Il lui en raconta la manière; et le Roi, agréablement surpris, vint aussitôt à l'appartement de la princesse, qu'il embrassa; il embrassa le prince de même, prit sa main, et, en la mettant dans celle de la princesse : « Heureux étranger, lui dit-il, qui que vous soyez, je tiens ma promesse, et je vous donne ma fille pour épouse. A vous voir, néanmoins, il n'est pas possible que je me persuade que vous soyez ce que vous paraissez, et ce que vous avez voulu me faire accroire. »

Le prince Camaralzaman remercia le Roi dans les termes les plus soumis, pour lui témoigner mieux sa reconnaissance. « Pour ce qui est de ma personne, Sire, poursuivit-il, il est vrai que je ne suis pas astrologue, comme Votre Majesté l'a bien jugé; je n'en ai pris l'habillement que pour mieux réussir à m'éciter la haute alliance du monarque le plus puissant de l'univers. Je suis né prince, fils de Roi et de Reine! mon nom est Camaralzaman, et mon père s'appelle Schahzaman : il règne dans les îles, assez connues, des Enfans de Khaledan. » Ensuite il lui raconta son histoire, et lui fit connaître combien l'origine de son amour était merveilleuse ; que celle de l'amour de la princesse était la même, et que cela se justifiait par l'échange des deux bagues.

Quand le prince Camaralzaman eut achevé : « Une histoire si extraordinaire, s'écria le Roi, mérite de n'être pas inconnue à la postérité. Je la ferai faire ; et après que j'en aurai fait mettre l'original en dépôt dans les archives de mon royaume, je la rendrai publique, afin que de mes Etats elle passe encore dans les autres. »

La cérémonie du mariage se fit le même jour, et l'on en fit des réjouissances solennelles dans toute l'étendue de la Chine. Marzavan ne fut pas oublié : le roi de la Chine lui donna entrée dans sa Cour, en l'honorant d'une charge, avec promesse de l'élever dans la suite à d'autres plus considérables.

Le prince Camaralzaman et la princesse Badoure, l'un et l'autre au comble de leurs souhaits, jouirent des douceurs de l'hymen; et, pendant plusieurs mois, le roi de la Chine ne cessa de témoigner sa joie par des fêtes continuelles.

Au milieu de ces plaisirs, le prince Camaralzaman eut un songe une nuit, dans lequel il lui sembla voir le roi Schahzaman, son père, au lit, près de rendre l'ame, qui disait : « Ce fils que j'ai mis au monde, que j'ai chéri si tendrement, ce fils m'a abandonné, et lui-même est cause de ma mort ! » Il s'éveilla en poussant un grand soupir, qui éveilla aussi la princesse, et la princesse Badoure lui demanda de quoi il soupirait. « Hélas ! s'écria le prince, peut-être qu'à l'heure où je parle, le Roi mon père n'est plus de ce monde ! » Et il lui raconta le sujet qu'il avait d'être troublé d'une si triste pensée. Sans lui parler du dessein qu'elle conçut sur ce récit, la princesse, qui ne cherchait qu'à lui complaire, et qui connut que le désir de revoir le Roi son père pourrait diminuer le plaisir qu'il avait à demeurer avec elle dans un pays si éloigné, profita, le même jour, de l'occasion qu'elle eut de parler au roi de la Chine en particulier : « Sire, lui dit-elle en lui baisant la main, j'ai une grâce à demander à Votre Majesté, et je la supplie de ne me la pas refuser. Mais afin qu'elle ne croie pas que je la demande à la sollicitation du prince mon mari, je l'assure auparavant qu'il n'y a aucune part. C'est de vouloir bien agréer que j'aille voir avec lui le roi Schahzaman, mon beau-père. »

Ma fille, reprit le Roi, quelque déplaisir que votre éloignement doive me coûter, je ne puis désapprouver cette résolution : elle est digne de vous, nonobstant la fatigue d'un si long voyage. Allez, je le veux bien ; mais à condition que vous ne demeurerez pas plus d'un an à la Cour du roi Schahzaman. Le roi Schahzaman voudra bien, comme je l'espère, que nous en usions ainsi, et que nous revoyions tour-à-tour, lui son fils et sa belle-fille, et moi ma fille et mon gendre. »

La princesse annonça ce consentement du roi de la Chine au prince Camaralzaman, qui en eut bien de la joie, et il la remercia de cette nouvelle marque d'amour qu'elle venait de lui donner.

Le roi de la Chine donna ordre aux préparatifs du voyage; et lorsque tout fut en état, il partit avec eux, et les accompagna quelques journées. La séparation se fit enfin avec beaucoup de larmes de part et d'autre. Le Roi les embrassa tendrement; et après avoir prié le prince d'aimer toujours la princesse sa fille comme il l'aimait, il les laissa continuer leur voyage, et retourna à sa capitale en chassant.

Le prince Camaralzaman et la princesse Badoure n'eurent pas plutôt essuyé leurs larmes, qu'ils ne songèrent plus qu'à la joie que le roi Schahzaman aurait de les voir et de les embrasser, et qu'à celle qu'ils auraient eux-mêmes.

Environ au bout d'un mois qu'ils étaient en marche, ils arrivèrent à une prairie d'une vaste étendue, et plantée d'espace en espace de grands arbres qui faisaient un ombrage très-agréable. Comme la chaleur était excessive ce jour-là, le prince

Camaralzaman jugea à propos d'y camper, et il en parla à la princesse Badoure, qui y consentit d'autant plus facilement, qu'elle voulait lui en parler elle-même. On mit pied à terre dans un bel endroit; et dès que la tente fut dressée, la princesse Badoure, qui était assise à l'ombre, y entra pendant que le prince Camaralzaman donnait ses ordres pour le reste du campement. Pour être plus à son aise, elle se fit ôter sa ceinture, que ses femmes posèrent près d'elle; après quoi, comme elle etait fatiguée, elle s'endormit, et ses femmes la laissèrent seule.

Quand tout fut réglé dans le camp, le prince Camaralzaman vint à la tente; et comme il vit que la princesse dormait, il entra, et s'assit sans faire de bruit. En attendant qu'il s'endormît peut-être aussi, il prit la ceinture de la princesse; il regarda l'un après l'autre les diamans et les rubis dont elle était enrichie, et il aperçut une petite bourse cousue sur l'étoffe fort proprement, et fermée avec un cordon. Il la toucha, et sentit qu'il y avait quelque chose dedans qui résistait. Curieux de savoir ce que c'était, il ouvrit la bourse, et il en tira une cornaline gravée de figures et de caractères qui lui étaient inconnus. « Il faut, dit-il en lui-même, que cette cornaline soit quelque chose de bien précieux : ma princesse ne la porterait pas sur elle avec tant de soin, de crainte de la perdre, si cela n'était. »

En effet, c'était un talisman dont la reine de la Chine avait fait présent à la princesse sa fille pour la rendre heureuse, à ce qu'elle disait, tant qu'elle le porterait sur elle.

Pour mieux voir le talisman, le prince Camaralzaman, sortit hors de la tente qui était obscure, et voulut le considérer au grand jour. Comme il le tenait au milieu de la main *, un oiseau fondit de l'air tout à coup et le lui enleva.....

Le jour se faisait déjà voir, dans le temps que la sultane Scheherazade en était à ces dernières paroles. Elle s'en

---

* Il y a dans le roman de Pierre de Provence et de la belle Maguelone, une aventure semblable, qui a été prise de celle-ci.

aperçut, et cessa de parler. Elle reprit le même conte la nuit suivante, et dit au sultan Schahriar :

CCXXIII^e NUIT.

Sire, Votre Majesté peut mieux juger de l'étonnement et de la douleur de Camaralzaman, quand l'oiseau lui eut enlevé le talisman de la main, que je ne pourrais l'exprimer. A cet accident, le plus affligeant qu'on puisse imaginer, arrivé par une curiosité hors de saison, et qui privait la princesse d'une chose précieuse, il demeura immobile quelques momens.

SÉPARATION

DU PRINCE CAMARALZAMAN D'AVEC LA PRINCESSE BADOURE.

L'oiseau, après avoir fait son coup, s'était posé à terre à peu de distance avec le talisman au bec. Le prince Camaralzaman s'avança, dans l'espérance qu'il le lâcherait ; mais dès qu'il l'approcha, l'oiseau fit un petit vol, et se posa à terre une autre fois. Il continua de le poursuivre ; l'oiseau, après avoir avalé le talisman, fit un vol plus loin. Le prince, qui était fort adroit, espéra de le tuer d'un coup de pierre, et le poursuivit encore. Plus il s'éloigna de lui, plus il s'opiniâtra à le suivre et à ne le pas perdre de vue.

De vallon en colline, et de colline en vallon, l'oiseau attira toute la journée le prince Camaralzaman, en s'écartant toujours de la prairie et de la princesse Badoure ; et le soir, au lieu de se jeter dans un buisson où Camaralzaman aurait pu le surprendre dans l'obscurité, il se percha au haut d'un grand arbre où il était en sûreté.

Le prince, au désespoir de s'être donné tant de peine inutilement, délibéra s'il retournerait à son camp. « Mais, dit-il en lui-même, par où retournerai-je ? Remonterai-je, redescendrai-je par les collines et par les vallons par où je suis venu ? Ne m'égarerai-je pas dans les ténèbres ? Et mes forces me le permettent-elles? Et quand je le pourrais, oserais-je me présenter devant la Princesse, et ne pas lui reporter son talisman? » Abîmé dans ces pensées désolantes, et accablé de fatigue, de faim, de soif, de sommeil, il se coucha, et passa la nuit au pied de l'arbre.

Le lendemain, Camaralzaman fut éveillé avant que l'oiseau eût quitté l'arbre; et il ne l'eut pas plutôt vu reprendre son vol, qu'il l'observa, et le suivit encore toute la journée, avec aussi peu de succès que la précédente, en se nourrissant d'herbes ou de fruits qu'il trouvait en son chemin. Il fit la même chose jusqu'au dixième jour, en suivant l'oiseau de l'œil depuis le matin jusqu'au soir, et en passant la nuit au pied de l'arbre, où il la passait toujours au plus haut.

Le onzième jour, l'oiseau, toujours en volant, et Camaralzaman ne cessant de l'observer, arrivèrent à une grande ville. Quand l'oiseau fut près des murs, il s'éleva au-dessus, et prenant son vol au-delà, il se déroba entièrement à la vue de Camaralzaman, qui perdit l'espérance de le revoir, et de recouvrer jamais le talisman de la princesse Badoure.

Camaralzaman, affligé en tant de manières et au-delà de toute expression, entra dans la ville, qui était bâtie sur le bord de la mer, avec un très-beau port. Il marcha long-temps par les rues, sans savoir où il allait ni où s'arrêter, et arriva au port. Encore plus incertain de ce qu'il devait faire, il marcha le long du rivage jusqu'à la porte d'un jardin qui était ouverte, où il se présenta. Le jardinier, qui était un bon vieillard occupé à travailler, leva la tête en ce moment; il ne l'eut pas plutôt aperçu, et connu qu'il était étranger et musulman, qu'il l'invita à entrer promptement, et à fermer la porte.

Camaralzaman entra, ferma la porte, et en abordant le jardinier, il lui demanda pourquoi il lui avait fait prendre cette précaution. « C'est, répondit le jardinier, que je vois bien que vous êtes un étranger nouvellement arrivé, et musulman, et que cette ville est habitée, pour la plus grande partie, par des idolâtres qui ont une aversion mortelle contre les musulmans, et qui traitent même fort mal le peu que nous sommes ici de la religion de notre prophète. Il faut que vous l'ignoriez, et je regarde comme un miracle que vous soyez venu jusqu'ici sans avoir fait quelque mauvaise rencontre. En effet, ces idolâtres sont attentifs, sur toute chose, à observer les musulmans étrangers à leur arrivée, et à les faire tomber dans quelque piége, s'ils ne sont bien instruits de leur méchanceté. Je loue Dieu de ce qu'il vous a amené dans un lieu de sûreté. »

Camaralzaman remercia ce bonhomme avec beaucoup de reconnaissance de la retraite qu'il lui donnait si généreusement pour le mettre à l'abri de toute insulte. Il voulait en dire davantage; mais le jardinier l'interrompit: « Laissons là les complimens, dit-il; vous êtes fatigué, et vous devez avoir besoin de manger; venez vous reposer. » Il le mena dans sa petite maison; et après que le prince eut mangé suffisamment de ce qu'il lui présenta avec une cordialité dont il le charma, il le pria de vouloir bien lui faire part du sujet de son arrivée.

Camaralzaman satisfit le jardinier ; et quand il eut fini son histoire, sans lui rien déguiser, il lui demanda à son tour par quelle route il pourrait retourner aux États de son père : « Car, ajouta-t-il, de m'engager à aller rejoindre la princesse, où la trouverai-je après onze jours que je me suis séparé d'avec elle par une aventure si extraordinaire ? Que sais-je même si elle est encore au monde ? « A ce triste souvenir, il ne put achever sans verser des larmes.

Pour réponse à ce que Camaralzaman venait de demander, le jardinier lui dit que de la ville où il se trouvait, il y avait une année entière de chemin jusqu'au pays où il n'y avait que des musulmans, commandés par des princes de leur religion ; mais que par mer, on arriverait à l'île d'Ebène en beaucoup moins de temps, et que de-là il était plus aisé de passer aux îles des Enfans de Khaledan ; que chaque année, un navire marchand allait à l'île d'Ebène, et qu'il pourrait prendre cette commodité pour retourner de-là aux îles des Enfans de Khaledan. « Si vous fussiez arrivé quelques jours plus tôt, ajouta-t-il, vous vous fussiez embarqué sur celui qui a fait voile cette année. En attendant que celui de l'année prochaine parte, si vous agréez de demeurer avec moi, je vous fais offre de ma maison, telle qu'elle est, de très-bon cœur. »

Le prince Camaralzaman s'estima heureux de trouver cet asile dans un lieu où il n'avait aucune connaissance; non plus qu'aucun intérêt d'en faire. Il accepta l'offre, et il demeura avec le jardinier. En attendant le départ du vaisseau marchand pour l'île d'Ebène, il s'occupait à travailler au jardin pendant le jour; et la nuit, que rien ne le détournait, de penser à sa chère princesse Badoure, il la passait dans les soupirs, dans les regrets et dans les pleurs. Nous le laisserons en ce lieu, pour revenir à la princesse Badoure, que nous avons laissée endormie sous sa tente.

HISTOIRE
DE LA PRINCESSE BADOURE, APRÈS LA SÉPARATION DU PRINCE CAMARALZAMAN.

La princesse dormit assez long-temps, et en s'éveillant, elle s'étonna que le prince Camaralzaman ne fût pas avec elle. Elle appela ses femmes, et elle leur demanda si elles ne savaient pas où il était. Dans le temps qu'elles lui assuraient qu'elles l'avaient vu entrer, mais qu'elles ne l'avaient pas vu sortir, elle s'aperçut, en reprenant sa ceinture, que la petite bourse était ouverte, et que son talisman n'y était plus. Elle ne douta pas que Camaralzaman ne l'eût pris pour voir ce que c'était, et qu'il ne le lui rapportât. Elle l'attendit jusqu'au soir avec de grandes impatiences, et elle ne pouvait comprendre ce qui pouvait l'obliger d'être éloigné d'elle si long-temps. Comme elle vit qu'il était déjà nuit obscure, et qu'il ne revenait pas, elle en fut dans une affliction qui n'est pas concevable. Elle maudit mille mois le talisman et celui qui l'avait fait; et si le respect ne l'eût retenue, elle eût fait des imprécations contre la Reine sa mère, qui lui avait fait un présent si funeste. Désolée au dernier point de cette conjoncture, d'autant plus fâcheuse qu'elle ne savait par quel endroit le talisman pouvait être la cause de la séparation du prince d'avec elle, elle ne perdit pas le jugement; elle prit, au contraire, une résolution courageuse, peu commune aux personnes de son sexe.

Il n'y avait que la princesse et ses femmes dans le camp qui sussent que Camaralzaman avait disparu; car alors ses gens se reposaient ou dormaient déjà sous leurs tentes. Comme elle craignit qu'ils ne la trahissent, s'ils venaient à en avoir connaissance, elle modéra premièrement sa douleur, et défendit à ses femmes de rien dire ou de rien faire paraître qui pût en donner le moindre soupçon. Ensuite elle quitta son habit, et en prit un de Camaralzaman, à qui elle ressemblait si fort, que ses gens la prirent pour lui le lendemain matin quand ils la virent paraître, et qu'elle leur commanda de plier bagage et de se mettre en marche. Quand tout fut prêt, elle fit entrer une de ses femmes dans la litière; pour elle, elle monta à cheval, et l'on marcha.

Après un voyage de plusieurs mois par terre et par mer, la princesse, qui avait fait continuer la route sous le nom du prince Camaralzaman, pour se rendre à l'île des Enfans de Khaledan, aborda à la capitale du royaume de l'île d'Ebène, dont le Roi qui régnait alors s'appelait Armanos. Comme les premiers de ses gens qui débarquèrent pour lui chercher un logement, eurent publié que le vaisseau qui venait d'arriver portait le prince Camaralzaman, qui revenait d'un long voyage, et que le mauvais temps l'avait obligé de relâcher, le bruit en fût bientôt porté jusqu'au palais du Roi.

Le roi Armanos, accompagné d'une grande partie de sa Cour, vint aussitôt au-devant de la princesse, et il la rencontra qu'elle venait de débarquer, et qu'elle prenait le chemin du logement qu'on avait retenu. Il la reçut comme le fils d'un

Roi son ami, avec qui il avait toujours vécu de bonne intelligence, et la mena à son palais, où il la logea, elle et tous ses gens, sans avoir égard aux instances qu'elle lui fit de la laisser loger en son particulier. Il lui fit d'ailleurs tous les honneurs imaginables, et il la régala pendant trois jours avec une magnificence extraordinaire.

Quand les trois jours furent passés, comme le roi Armanos vit que la princesse, qu'il prenait toujours pour le prince Camaralzaman, parlait de se rembarquer et de continuer son voyage, et qu'il était charmé de voir un prince si bien fait, de si bon air, et qui avait infiniment d'esprit, il la prit en particulier. « Prince, lui dit-il, dans le grand âge où vous voyez que je suis, avec très-peu d'espérance de vivre encore long-temps, j'ai le chagrin de n'avoir pas un fils à qui je puisse laisser mon royaume. Le Ciel m'a donné seulement une fille unique, d'une beauté qui ne peut être mieux assortie qu'avec un prince aussi bien fait, d'une aussi grande naissance, et aussi accompli que vous.

Au lieu de songer à retourner chez vous, acceptez-la de ma main avec ma couronne, dont je me démets dès à présent en votre faveur, et demeurez avec nous. Il est temps désormais que je me repose, après en avoir soutenu le poids pendant de si longues années, et je ne puis le faire avec plus de consolation que pour voir mes États gouvernés par un si digne successeur,...

La sultane Scheherazade voulait poursuivre ; mais le jour, qui paraissait déjà, l'en empêcha. Elle reprit le même conte la nuit suivante, et dit au sultan des Indes :

CCXXIV^e NUIT.

Sire, l'offre généreuse du Roi de l'île d'Ebène, de donner sa fille unique en mariage à la princesse Badoure, qui ne pouvait l'accepter, parce qu'elle était femme, et de lui abandonner ses États, la mirent dans un embarras auquel elle ne s'attendait pas. De lui déclarer qu'elle n'était pas le prince Camaralzaman, mais sa femme, il était indigne d'une princesse comme elle de détromper le Roi, après lui avoir assuré qu'elle était ce prince, et qu'elle en avait si bien soutenu le personnage jusqu'alors. De le refuser aussi, elle avait une juste crainte, dans la grande passion qu'il témoignait pour la conclusion de ce mariage, qu'il ne changeât sa bienveillance en aversion et en haine, et n'attentât même à sa vie. De plus, elle ne savait pas si elle trouverait le prince Camaralzaman auprès du roi Schahzaman son père.

Ces considérations et celle d'acquérir un royaume au prince, son mari, au cas qu'elle le retrouvât, déterminèrent cette princesse à accepter le parti que le roi Armanos venait de lui proposer. Ainsi, après avoir demeuré quelques momens sans parler, avec une rougeur qui lui monta au visage, et que le Roi attribua à sa modestie, elle répondit : « Sire, j'ai une obligation infinie à Votre Majesté de la bonne opinion qu'elle a de ma personne, de l'honneur qu'elle me fait, et d'une si grande faveur que je ne mérite pas, et que je n'ose refuser. Mais, Sire, ajouta-t-elle, je n'accepte une si grande alliance qu'à condition que Votre Majesté m'assistera de ses conseils, et que je ne ferai rien qu'elle n'ait approuvé auparavant. »

Le mariage conclu et arrêté de cette manière, la cérémonie en fut remise au lendemain, et la princesse Badoure prit ce temps-là pour avertir ses officiers, qui la prenaient aussi pour le prince Camaralzaman, de ce qui devait se passer, afin qu'ils ne s'en étonnassent pas, et elle les assura que la princesse y avait donné son consentement. Elle en parla aussi à ses femmes, et les chargea de continuer de bien garder le secret.

Le roi de l'île d'Ebène, joyeux d'avoir acquis un gendre dont il était si content, assembla son conseil le lendemain, et déclara qu'il donnait la princesse sa fille en mariage au prince Camaralzaman, qu'il avait amené et fait asseoir près de lui, qu'il lui remettait sa couronne, et leur enjoignait de le reconnaître pour leur Roi, et de lui rendre leurs hommages. En achevant, il descendit du trône, et après qu'il y eut fait monter la princesse Badoure, et qu'elle se fut assise à sa place, la princesse y reçut le serment de fidélité et les hommages des seigneurs les plus puissans de l'île d'Ebène, qui étaient présens.

Au sortir du conseil, la proclamation du nouveau Roi fut faite solennellement dans toute la ville ; des réjouissances de plusieurs jours furent indiquées, et des courriers dépêchés par tout le royaume pour y faire observer les mêmes cérémonies et les mêmes démonstrations de joie.

Le soir, tout le palais fut en fête, et la princesse Haïatalnefous * (c'est ainsi que se nommait la princesse de l'île d'Ebène) fut amenée à la princesse Badoure, que tout le monde prit pour un homme, avec un appareil véritablement royal. Les cérémonies achevées, on les laissa seules et elles se couchèrent.

Le lendemain matin, pendant que la princesse Badoure recevait dans une assemblée générale les complimens de toute la Cour au sujet de son mariage, et comme

---

* Ce mot est arabe, et signifie la vie des ames.

nouveau Roi, le roi Armanos et la Reine se rendirent à l'appartement de la nouvelle Reine, leur fille, et s'informèrent d'elle comment elle avait passé la nuit. Au lieu de répondre, elle baissa les yeux, et la tristesse qui parut sur son visage, fit assez connaître qu'elle n'était pas contente.

Pour consoler la princesse Haïatalnefous : « Ma fille, dit le roi Armanos, cela ne doit pas vous faire de la peine ; le prince Camaralzaman, en abordant ici, ne songeait qu'à se rendre au plus tôt auprès du roi Schahzaman, son père. Quoique nous l'ayons arrêté par un moyen dont il a lieu d'être bien satisfait, nous devons croire néanmoins qu'il a un grand regret d'être privé tout-à-coup de l'espérance même de le revoir jamais, ni lui, ni personne de sa famille. Vous devez donc attendre que quand ces mouvemens de tendresse filiale se seront un peu ralentis, il en usera avec vous comme un bon mari. »

La princesse Badoure, sous le nom de Camaralzaman, roi de l'île d'Ebène, passa toute la journée non-seulement à recevoir les complimens de sa Cour; mais même à faire la revue des troupes réglées de sa maison, et à plusieurs autres fonctions royales, avec une dignité et une capacité qui lui attirèrent l'approbation de tous ceux qui en furent témoins.

Il était nuit quand elle rentra dans l'appartement de la reine Haïatalnefous, et elle connut fort bien, à la contrainte avec laquelle cette princesse la reçut, qu'elle se souvenait de la nuit précédente. Elle tâcha de dissiper ce chagrin par un long entretien qu'elle eut avec elle, dans lequel elle employa tout son esprit (et elle en avait infiniment) pour lui persuader qu'elle l'aimait parfaitement. Elle lui donna enfin le temps de se coucher, et dans cet intervalle, elle se mit à faire sa prière; mais elle la fit si longue, que la reine Haïatalnefous s'endormit. Alors elle cessa de prier et se coucha près d'elle sans l'éveiller, autant affligée de jouer un personnage qui ne lui convenait pas, que de la perte de son cher Camaralzaman, après lequel elle ne cessait de soupirer. Elle se leva le jour suivant à la pointe du jour, avant qu'Haïatalnefous fût éveillée, et alla au conseil avec l'habit royal.

Le roi Armanos ne manqua pas de voir encore la Reine sa fille ce jour-là, et il la trouva dans les pleurs et dans les larmes. Il n'en fallut pas davantage pour lui faire connaître le sujet de son affliction. Indigné de ce mépris, à ce qu'il s'imaginait, dont il ne pouvait comprendre la cause : « Ma fille, lui dit-il, ayez encore patience jusqu'à la nuit prochaine ; j'ai élevé votre mari sur mon trône ; je saurai bien l'en faire descendre, et le chasser avec honte, s'il ne vous donne la satisfaction qu'il doit. Dans la colère où je suis de vous voir traitée si indignement, je ne sais même si je me contenterai d'un châtiment si doux. Ce n'est pas à vous, c'est à ma personne qu'il fait un affront si sanglant. »

Le même jour, la princesse Badoure rentra fort tard chez Haïatalnefous. Comme la nuit précédente, elle s'entretint de même avec elle, et voulut encore faire sa prière pendant qu'elle se coucherait ; mais Haïatalnefous la retint, et l'obligea de se rasseoir. « Quoi! dit-elle, vous prétendez donc, à ce que je vois, me traiter encore cette nuit comme vous m'avez traitée les deux dernières? Dites-moi, je vous supplie, en quoi peut vous déplaire une princesse comme moi, qui ne vous aime pas seulement, mais qui vous adore, et qui s'estime la princesse la plus heureuse de toutes les princesses de son rang, d'avoir un prince si aimable pour mari. Une autre que moi, je ne dis pas offensée, mais outragée par un endroit si sensible, aurait une belle occasion de se venger, en vous abandonnant seulement à votre mauvaise destinée; mais quand je ne vous aimerais pas autant que je vous aime, bonne et touchée du malheur des personnes qui me sont les plus indifférentes, comme je le suis, je ne laisserais pas de vous avertir que le Roi mon père est fort irrité de votre procédé, qu'il n'attend que demain pour vous faire sentir les marques de sa juste colère, si vous continuez. Faites-moi la grâce de ne pas mettre au désespoir une princesse qui ne peut s'empêcher de vous aimer. »

discours mit la princesse Badoure

dans un embarras inexprimable. Elle ne douta pas de la sincérité d'Haïatalnefous : la froideur que le roi Armanos lui avait témoignée ce jour-là, ne lui avait que trop fait connaître l'excès de son mécontentement. L'unique moyen de justifier sa conduite était de faire confidence de son sexe à Haïatalnefous. Mais quoiqu'elle eût prévu qu'elle serait obligée d'en venir à cette déclaration, l'incertitude néanmoins où elle était si la princesse le prendrait en mal ou en bien, la faisait trembler. Quand elle eut bien considéré enfin que si le prince Camaralzaman était encore au monde, il fallait de nécessité qu'il vînt à l'île d'Ebène pour se rendre au royaume du roi Schahzaman, qu'elle devait se conserver pour lui, et qu'elle ne pouvait le faire si elle ne se découvrait à la princesse Haïatalnefous, elle hasarda cette voie.

Comme la princesse Badoure était demeurée interdite, Haïatalnefous, impatiente, allait reprendre la parole, lorsqu'elle l'arrêta par celle-ci : « Aimable et trop charmante princesse, lui dit-elle, j'ai tort, je l'avoue, et je me condamne moi-même; mais j'espère que vous me pardonnerez, et que vous me garderez le secret que j'ai à vous découvrir pour ma justification. »

En même-temps la princesse Badoure ouvrit son sein : « Voyez, Princesse, continua-t-elle, si une princesse, femme comme vous, ne mérite pas que vous lui pardonniez; je suis persuadée que vous le ferez de bon cœur quand je vous aurai fait le récit de mon histoire, et surtout la disgrâce affligeante qui m'a contrainte de jouer le personnage que vous voyez.

Quand la princesse Badoure eut achevé de se faire connaître entièrement à la princesse de l'île d'Ebène pour ce qu'elle était, elle la supplia une seconde fois de lui garder le secret, et de vouloir bien faire semblant qu'elle fût véritablement son mari, jusqu'à l'arrivée du prince Camaralzaman, qu'elle espérait de revoir bientôt.

« Princesse, reprit la princesse de l'île d'Ebène, ce serait une destinée étrange, qu'un mariage heureux comme le vôtre dût être de si peu de durée; après un amour réciproque plein de merveilles. Je souhaite avec vous que le Ciel vous réunisse bientôt. Assurez-vous cependant que je garderai religieusement le secret que vous venez de me confier. J'aurai le plus grand plaisir du monde d'être la seule qui vous connaisse pour ce que vous êtes dans le grand royaume de l'île d'Ebène, pendant que vous le gouvernerez aussi dignement que vous avez déjà commencé. Je vous demandais de l'amour, et présentement je vous déclare que je serai la plus contente du monde, si vous ne dédaignez pas de m'accorder votre amitié.» Après ces paroles, les deux princesses s'embrassèrent tendrement, et après mille témoignages d'amitié réciproque, elles se couchèrent.

Selon la coutume du pays, il fallait faire voir publiquement la marque de la consommation du mariage. Les deux princesses trouvèrent le moyen de remédier à cette difficulté. Ainsi, les femmes de la princesse Haïatalnefous furent trompées le lendemain matin, et trompèrent le roi Armanos, la Reine sa femme, et toute la Cour. De la sorte, la princesse Badoure continua de gouverner tranquillement à la satisfaction du Roi et de tout le royaume.....

La sultane Scheherazade n'en dit pas davantage pour cette nuit, à cause de la clarté du jour qui se faisait apercevoir. Elle poursuivit la nuit suivante, et dit au sultan des Indes :

CCXXV^e NUIT.

SUITE DE L'HISTOIRE DU PRINCE CAMARALZAMAN, DEPUIS SA SÉPARATION D'AVEC LA PRINCESSE BADOURE.

SIRE, pendant qu'en l'île d'Ebène, les choses étaient, entre la princesse Badoure, la princesse Haïatalnefous, et le roi Armanos avec la Reine, la Cour et les peuples du royaume, dans l'état que Votre Majesté a pu le comprendre à la fin de mon dernier discours, le prince Camaralzaman était toujours dans la ville des idolâtres, chez le jardinier qui lui avait donné retraite.

Un jour, de grand matin, que le prince se préparait à travailler au jardin, selon sa coutume, le bonhomme de jardinier l'en empêcha. « Les idolâtres, lui dit-il, ont aujourd'hui une grande fête; et comme ils s'abstiennent de tout travail, pour la passer en des assemblées et en des réjouissances publiques, ils ne veulent pas aussi que les Musulmans travaillent; et les Musulmans, pour se maintenir dans leur amitié, se font un amusement d'assister à leurs spectacles, qui méritent d'être vus. Ainsi, vous n'avez qu'à vous reposer aujourd'hui. Je vous laisse ici; et comme le temps approche que le vaisseau marchand dont je vous ai parlé doit faire le voyage de l'île d'Ebène, je vais voir quelques amis, et m'informer d'eux du jour qu'il mettra à la voile, et en même temps je ménagerai votre embarquement.» Le jardinier mit son plus bel habit, et sortit.

Quand le prince Camaralzaman se vit seul, au lieu de prendre part à la joie publique qui retentissait dans toute la ville, l'inaction où il était lui fit rappeler avec plus de violence que jamais le triste souvenir de sa chère princesse. Recueilli en lui-même, il soupirait et gémissait en se promenant dans le jardin, lorsque le bruit que deux oiseaux faisaient sur un arbre l'obligea de lever la tête et de s'arrêter.

Camaralzaman vit avec surprise que ces oiseaux se battaient cruellement à coups de bec, et qu'en peu de momens, l'un des deux tomba mort au pied de l'arbre. L'oiseau qui était demeuré vainqueur reprit son vol et disparut.

Dans le moment, deux autres oiseaux, plus grands, qui avaient vu le combat de loin, arrivèrent d'un autre côté, se posèrent, l'un à la tête, l'autre aux pieds du mort, le regardèrent quelque temps en remuant la tête d'une manière qui marquait leur douleur, et lui creusèrent une fosse avec leurs griffes, dans laquelle ils l'enterrèrent.

Dès que les deux oiseaux eurent rempli la fosse de la terre qu'ils avaient ôtée, ils s'envolèrent, et peu de temps après, ils revinrent en tenant au bec, l'un par une aile, et l'autre par un pied, l'oiseau meurtrier, qui faisait des cris effroyables et de grands efforts pour s'échapper. Ils l'apportèrent sur la sépulture de l'oiseau qu'il avait sacrifié à sa rage; et là, en le sacrifiant à la juste vengeance de l'assassinat qu'il avait commis, ils lui arrachèrent la vie à coups de bec. Ils lui ouvrirent enfin le ventre, en tirèrent les entrailles, laissèrent le corps sur la place, et s'envolèrent.

Camaralzaman demeura dans une grande admiration tout le temps que dura un spectacle si surprenant. Il s'approcha de l'arbre où la scène s'était passée, et en jetant les yeux sur les entrailles dispersées, il aperçut quelque chose de rouge qui sortait de l'estomac que les oiseaux vengeurs avaient déchiré. Il ramassa l'estomac, et en tirant dehors ce qu'il avait vu de rouge, il trouva que c'était le talisman de la princesse Badoure, sa bienaimée, qui lui avait coûté tant de regrets, d'ennuis, de soupirs depuis que cet oiseau le lui avait enlevé. « Cruel! s'écria-t-il aussitôt en regardant l'oiseau, tu te plaisais à faire du mal, et j'en dois moins me plaindre de celui que tu m'as fait! Mais autant que tu m'en as fait, autant je souhaite du bien à ceux qui m'ont vengé de toi, en vengeant la mort de leur semblable. »

Il n'est pas possible d'exprimer l'excès de la joie du prince Camaralzaman. « Chère princesse, s'écria-t-il encore, ce moment fortuné qui me rend ce qui vous était si précieux, est sans doute un présage qui m'annonce que je vous retrouverai de même, et peut-être plus tôt que je ne pense ! Béni soit le Ciel qui m'envoie ce bonheur, et qui me donne en même temps l'espérance du plus grand que je puisse souhaiter ! »

En achevant ces mots, Camaralzaman baisa le talisman, l'enveloppa et le lia soigneusement autour de son bras. Dans son affliction extrême, il avait passé presque toutes les nuits à se tourmenter, et sans fermer l'œil. Il dormit tranquillement celle qui suivit une si heureuse aventure; et le lendemain, quand il eut pris son habit de travail, dès qu'il fut jour il alla prendre l'ordre du jardinier, qui le pria de mettre à bas et de déraciner un certain vieil arbre qui ne portait plus de fruits.

Camaralzaman prit une cognée, et alla mettre la main à l'œuvre. Comme il coupait une branche de la racine, il donna un coup sur quelque chose qui résista, et qui fit un grand bruit. En écartant la terre, il découvrit une grande plaque de bronze, sous laquelle il trouva un escalier de dix degrés. Il descendit aussitôt; et quand il fut au bas, il vit un caveau de deux à trois toises en carré, où il compta cinquante grands vases de bronze rangés à l'entour, avec chacun un couvercle. Il les découvrit tous l'un après l'autre, et il n'y en eut pas un qui ne fût plein de poudre d'or. Il sortit du caveau, extrêmement joyeux de la découverte d'un trésor si riche, remit la plaque sur l'escalier, et acheva de déraciner l'arbre, en attendant le retour du jardinier.

Le jardinier avait appris, le jour de devant, que le vaisseau qui faisait le voyage de l'île d'Ebène chaque année, devait partir dans très-peu de jours; mais on n'avait pu lui dire le jour précisément; et on l'avait remis au lendemain. Il y était allé, et il revint avec un visage qui marquait la bonne nouvelle qu'il avait à annoncer à Camaralzaman. « Mon fils, lui dit-il (car, par le privilége de son grand âge, il avait coutume de le traiter ainsi), réjouissez-vous, et tenez-vous prêt à partir dans trois jours ; le vaisseau fera voile ce jour-là sans faute, et je suis convenu de votre embarquement et de votre passage avec le capitaine. »

« Dans l'état où je suis, reprit Camaralzaman, vous ne pouviez m'annoncer rien de plus agréable. En revanche, j'ai aussi à vous faire part d'une nouvelle qui doit vous réjouir. Prenez la peine de venir avec moi, et vous verrez la bonne fortune que le Ciel vous envoie. »

Camaralzaman mena le jardinier à l'endroit où il avait déraciné l'arbre, le fit descendre dans le caveau ; et quand il lui eut fait voir la quantité de vases remplis de poudre d'or qu'il y avait, il lui témoigna sa joie de ce que Dieu récompensait enfin la vertu et toutes les peines qu'il avait prises depuis tant d'années.

« Comment l'entendez-vous ? reprit le jardinier ; vous imaginez-vous donc que je veuille m'approprier ce trésor : il est tout à vous; et je n'y ai aucune prétention. Depuis quatre vingts-ans que mon père est mort, je n'ai fait autre chose que de remuer la terre de ce jardin, sans l'avoir découvert. C'est une marque qu'il vous était destiné, puisque Dieu a permis que vous le trouvassiez; il convient à un prince comme vous plutôt qu'à moi, qui suis sur le bord de ma fosse, et qui n'ai plus besoin de rien. Dieu vous l'envoie à propos dans le temps que vous allez vous rendre dans les États qui doivent vous appartenir, où vous en ferez un bon usage. »

Le prince Camaralzaman ne voulut pas céder au jardinier en générosité, et ils eurent une grande contestation là-dessus. Il lui protesta enfin qu'il n'en prendrait rien absolument, s'il n'en retenait la moitié pour sa part. Le jardinier se rendit, et ils se partagèrent à chacun vingt-cinq vases.

Le partage fait : « Mon fils, dit le jardinier à Camaralzaman, ce n'est pas assez; il s'agit présentement d'embarquer ces richesses sur le vaisseau, et de les emporter avec nous si secrètement, que personne n'en ait connaissance, autrement vous coureriez risque de les perdre. Il n'y a pas d'olives dans l'île d'Ebène, et celles qu'on y porte d'ici sont d'un grand débit. Comme vous le savez, j'en ai une bonne provision de celles que je recueille dans mon jardin ; il faut que vous preniez cinquante pots, que vous les remplissiez de poudre d'or à moitié, et le reste d'olives par-dessus, et nous les ferons porter au vaisseau lorsque vous vous embarquerez. »

Camaralzaman suivit ce bon conseil, et employa le reste de la journée à accommoder les cinquante pots ; et comme il craignait que le talisman de la princesse Badoure, qu'il portait au bras, ne lui échappât, il eut la précaution de le mettre dans un de ces pots, et d'y faire une remarque pour le reconnaître. Quand il eut achevé de mettre les pots en état d'être transportés, comme la nuit approchait, il se retira avec le jardinier, et en s'entretenant, il lui raconta le combat des deux oiseaux, et les circonstances de cette aventure, qui lui avait fait retrouver le talisman de la princesse Badoure, dont il ne fut pas moins surpris que joyeux pour l'amour de lui.

Soit à cause de son grand âge, ou qu'il se fût donné trop de mouvement ce jour-là, le jardinier passa une mauvaise nuit; son mal augmenta le jour suivant, et il se trouva encore plus mal le troisième au matin. Dès qu'il fut jour, le capitaine du vaisseau en personne et plusieurs matelots vinrent frapper à la porte du jardin. Ils demandèrent à Camaralzaman, qui leur ouvrit, où était le passager qui devait s'embarquer sur le vaisseau. « C'est moi-même, répondit-il. Le jardinier qui a demandé passage pour moi, est malade et ne peut vous parler; ne laissez pas d'entrer, et emportez, je vous prie, des pots d'olives que voilà avec mes hardes; et je vous suivrai dès que j'aurai pris congé de lui. »

Les matelots se chargèrent des pots et des hardes, et quittant Camaralzaman : « Ne manquez pas de venir incessamment, lui dit le capitaine; le vent est bon, et je n'attends que vous pour mettre à la voile. »

Dès que le capitaine et les matelots furent partis, Camaralzaman rentra chez le jardinier pour prendre congé de lui, et le remercier de tous les bons offices qu'il lui avait rendus; mais il le trouva qui agonisait; et il eut à peine obtenu de lui qu'il fît sa profession de foi, selon la coutume des bons musulmans à l'article de la mort, qu'il le vit expirer.

Dans la nécessité où était le prince Camaralzaman d'aller s'embarquer, il fit toutes les diligences possibles pour rendre les derniers devoirs au défunt. Il lava son corps, il l'ensevelit; après lui avoir fait une fosse dans le jardin (car, comme les mahométans n'étaient que tolérés dans cette ville d'idolâtres, ils n'avaient pas de cimetières publics), il l'enterra lui seul, et il n'eut achevé que vers la fin du jour. Il partit sans perdre de temps pour s'aller embarquer; il emporta même la clef du jardin avec lui, afin de faire plus de diligence, dans le dessin de la porter au propriétaire, au cas qu'il pût le faire, ou de la donner à quelque personne de confiance en présence de témoins, pour la lui mettre entre les mains. Mais en arrivant au port, il apprit que le vaisseau avait levé l'ancre il y avait déjà du temps, et même qu'on l'avait perdu de vue. On ajouta qu'il n'avait mis à la voile qu'après l'avoir attendu trois grandes heures......

Scheherazade voulait poursuivre ; mais la clarté du jour, dont elle s'aperçut, l'obligea de cesser de parler. Elle reprit la même histoire de Camarazalman la nuit suivante, et dit au sultan des Indes :

CCXXVI^e NUIT.

SIRE, le prince Camaralzaman, comme il est aisé de juger, fut dans une affliction extrême de se voir contraint de rester encore dans un pays où il n'avait et ne voulait avoir aucune habitude, et d'attendre une autre année pour réparer l'occasion qu'il venait de perdre. Ce qui le désolait davantage, c'est qu'il s'était dessaisi du talisman de la princesse Badoure, et qu'il le tint pour perdu. Il n'eut pas d'autre parti à prendre cependant que de retourner au jardin d'où il était sorti, de le prendre à louage du propriétaire à qui il appartenait, et de continuer de le cultiver, en déplorant son malheur et sa mauvaise fortune. Comme il ne pouvait supporter la fatigue de le cultiver seul, il prit un garçon à gages; et afin de ne pas perdre l'autre partie du trésor qui lui revenait par la mort du jardinier, qui était mort sans héritier, il mit la poudre d'or dans cinquante autre pots, qu'il acheva de remplir d'olives, pour les embarquer avec lui dans le temps.

Pendant que le prince Camaralzaman recommençait une nouvelle année de peines, de douleur et d'impatience, le vaisseau continuait sa navigation avec un vent très-favorable; et il arriva heureusement à la capitale de l'île d'Ebène.

Comme le palais était sur le bord de la mer, le nouveau Roi, ou plutôt la princesse Badoure, qui aperçut le vaisseau dans le temps qu'il allait entrer au port avec toutes ses bannières, demanda quel vaisseau c'était, et on lui dit qu'il venait tous les ans de la ville des idolâtres dans la même saison, et qu'ordinairement il était chargé de riches marchandises.

La princesse, toujours occupée du souvenir de Camaralzaman au milieu de l'éclat qui l'environnait, s'imagina que Camaralzaman pouvait y être embarqué, et la pensée lui vint de le prévenir et d'aller au-devant de lui, non pas pour se faire connaître (car elle se doutait bien qu'il ne la reconnaîtrait pas), mais pour le remarquer, et prendre les mesures qu'elle jugerait à propos pour leur reconnaissance mutuelle. Sous prétexte de s'informer elle-même des marchandises, et même de voir la première, et de choisir les plus précieuses qui lui conviendraient, elle commanda qu'on lui amenât un cheval. Elle se rendit au port, accompagnée de plusieurs officiers qui se trouvèrent près d'elle; et elle y arriva dans le temps que le capitaine venait de débarquer. Elle le fit venir, et voulut savoir de lui d'où il venait, combien il y avait de temps qu'il était parti, quelles bonnes ou mauvaises rencontres il avait faites dans sa navigation, s'il n'amenait pas quelque étranger de distinction, et surtout de quoi son vaisseau était chargé.

Le capitaine satisfit à toutes ces demandes; et quant aux passagers, il assura qu'il n'y avait que des marchands qui avaient coutume de venir, et qu'ils apportaient des étoffes très-riches de différens pays, des toiles des plus fines, peintes et non peintes, des pierreries, du musc, de l'ambre gris, du camphre, de la civette, des épiceries, des drogues pour la médecine, des olives et plusieurs autres choses.

La princesse Badoure aimait les olives passionnément. Dès qu'elle en eut entendu parler : « Je retiens tout ce que vous en avez, dit-elle au capitaine; faites-les débarquer incessamment, que j'en fasse le marché. Pour ce qui est des autres marchandises, vous avertirez les marchands de m'apporter ce qu'ils ont de plus beau avant de le faire voir à personne. »

« Sire, reprit le capitaine, qui la prenait pour le roi de l'île d'Ebène, comme elle l'était en effet sous l'habit qu'elle en portait, il y en a cinquante pots fort grands; mais ils appartiennent à un marchand qui est demeuré à terre. Je l'avais averti moi-même, et je l'attendis long-temps. Comme je vis qu'il ne venait pas, et que son retardement m'empêchait de profiter du bon vent, je perdis patience, et je mis à la voile. » « Ne laissez pas de les faire débarquer, dit la princesse, cela ne nous empêchera pas d'en faire le marché. »

Le capitaine envoya sa chaloupe au vaisseau, et elle revint bientôt chargée des pots d'olives. La princesse demanda combien les cinquante pots pouvaient valoir dans l'île d'Ebène. « Sire, répondit le capitaine, le marchand est fort pauvre; Votre Majesté ne lui fera pas une grâce considérable quand elle lui en donnera mille pièces d'argent. »

« Afin qu'il soit content, reprit la princesse, et en considération de ce que vous me dites de sa pauvreté, on vous en comptera mille pièces d'or, que vous aurez soin de lui donner. » Elle donna ordre pour le paiement; et après qu'elle eut fait emporter les pots en sa présence, elle retourna au palais.

Comme la nuit approchait, la princesse Badoure se retira d'abord dans le palais intérieur, alla à l'appartement de la princesse Haïatalnefous, et se fit apporter les cinquante pots d'olives. Elle en ouvrit un pour lui en faire goûter, et pour en goûter elle-même, et le versa dans un plat. Son étonnement fut des plus grands quand elle vit les olives mêlées avec de la poudre d'or. « Quelle aventure! quelle merveille! s'écria-t-elle. » Elle fit ouvrir et vider les autres pots en sa présence par les femmes d'Haïatalnefous, et son admiration augmenta à mesure qu'elle vit que les olives de chaque pot étaient mêlées avec de la poudre d'or. Mais quand on vint à vider celui où Camaralzaman avait mis son talisman, et qu'elle l'eut aperçu, elle en fut si fort surprise, qu'elle s'évanouit.

La princesse Haïatalnefous et ses femmes secoururent la princesse Badoure, et la firent revenir à force de lui jeter de l'eau sur le visage. Lorsqu'elle eut repris tous ses sens, elle prit le talisman, et le baisa à plusieurs reprises. Mais comme elle ne voulait rien dire devant les femmes de la princesse, qui ignoraient son déguisement, et qu'il était temps de se coucher, elle les congédia. « Princesse, dit-elle à Haïatalnefous dès qu'elles furent seules, après ce que je vous ai raconté de mon histoire, vous aurez bien connu sans doute que c'est à la vue de ce talisman que je me suis évanouie. C'est le mien, et celui qui nous a arrachés l'un de l'autre, le prince Camaralzaman, mon cher mari, et moi. Il a été la cause d'une séparation si douloureuse pour l'un et pour l'autre; il va être, comme j'en suis persuadée, celle de notre réunion prochaine. »

Le lendemain, dès qu'il fut jour, la princesse Badoure envoya appeler le capitaine du vaisseau. Quand il fut venu : « Eclaircissez - moi davantage, lui dit-elle, touchant le marchand à qui appartenaient les olives que j'achetai hier. Vous me disiez, ce me semble, que vous l'aviez laissé à terre dans la ville des idolâtres;

pouvez-vous me dire ce qu'il y faisait ? »

« Sire, répondit le capitaine, je puis en assurer Votre Majesté, comme d'une chose que je sais par moi-même. J'étais convenu de son embarquement avec un jardinier extrêmement âgé, qui me dit que je le trouverais à son jardin, où il travaillait sous lui, et dont il m'enseigna l'endroit : c'est ce qui m'a obligé de dire à Votre Majesté qu'il était pauvre. J'ai été le chercher, et l'avertir moi-même, dans ce jardin, de venir s'embarquer, et je lui ai parlé. »

« Si cela est ainsi, reprit la princesse Badoure, il faut que vous remettiez à la voile dès aujourd'hui ; que vous retourniez à la ville des idolâtres, et que vous m'ameniez ici ce garçon jardinier, qui est mon débiteur ; sinon je vous déclare que je confisquerai non-seulement les marchandises qui vous appartiennent, et celles des marchands qui sont venues sur votre bord ; mais même que votre vie et celle des marchands m'en répondront. Dès à présent on va, par mon ordre, apposer le sceau aux magasins où elles sont, qui ne sera levé que quand vous m'aurez livré l'homme que je vous demande. C'est ce que j'avais à vous dire. Allez, et faites ce que je vous commande. »

Le capitaine n'eut rien à répliquer à ce commandement, dont l'inexécution devait être d'un très-grand dommage à ses affaires et à celles des marchands. Il le leur signifia, et ils ne s'empressèrent pas moins que lui à faire embarquer incessamment les provisions de vivres et d'eau dont il avait besoin pour le voyage. Cela s'exécuta avec tant de diligence, qu'il mit à la voile le même jour.

Le vaisseau eut une navigation très-heureuse; et le capitaine prit si bien ses mesures, qu'il arriva de nuit devant la ville des idolâtres. Quand il s'en fut approché aussi près qu'il le jugea à propos, il ne fit pas jeter l'ancre; mais pendant que le vaisseau demeura en panne, il s'embarqua dans sa chaloupe, et alla descendre à terre en un endroit peu éloigné du port, d'où il se rendit au jardin de Camaralzaman avec six matelots des plus résolus.

Camaralzaman ne dormait pas alors: sa séparation d'avec la belle princesse de la Chine, sa femme, l'affligeait à son ordinaire, et il détestait le moment où il s'était laissé tenter par la curiosité, non pas de manier, mais même de toucher sa ceinture. Il passait ainsi les momens consacrés au repos, lorsqu'il entendit frapper à la porte du jardin. Il y alla promptement à demi-habillé; et il n'eut pas plutôt ouvert, que, sans lui dire mot, le capitaine et les matelots se saisirent de lui, le conduisirent à la chaloupe par force, et le menèrent au vaisseau, qui remit à la voile dès qu'il y fut embarqué.

Camaralzaman, qui avait gardé le silence jusqu'alors, de même que le capitaine et les matelots, demanda au capitaine, qu'il avait reconnu, quel sujet il avait de l'enlever avec tant de violence. « N'êtes-vous pas débiteur du roi de l'île d'Ebène? lui demanda le capitaine à son tour. » « Moi, débiteur du roi de l'île d'Ebène! reprit Camaralzaman avec étonnement; je ne le connais pas; jamais je n'ai eu affaire avec lui, et jamais je n'ai mis le pied dans son royaume. » « C'est ce que vous devez savoir mieux que moi, repartit le capitaine. Vous lui parlerez vous-même ; demeurez ici cependant, et prenez patience..... »

Scheherazade fut obligée de mettre fin à son discours en cet endroit, pour donner lieu au sultan des Indes de se lever, et de se rendre à ses fonctions ordinaires. Elle le reprit la nuit suivante, et lui parla en ces termes :

CCXXVII^e NUIT.

Sire, le prince Camaralzaman fut enlevé de son jardin de la manière que je fis remarquer hier à Votre Majesté. Le vaisseau ne fut pas moins heureux à le porter à l'île d'Ebène, qu'il l'avait été à l'aller prendre dans la ville des idolâtres. Quoiqu'il fût déjà nuit lorsqu'il mouilla dans le port, le capitaine ne laissa pas néanmoins de débarquer d'abord, et de mener le prince Camaralzaman au palais, où il demanda à être présenté au Roi.

La princesse Badoure, qui s'était déjà retirée dans le palais intérieur, ne fut pas plutôt avertie de son retour et de l'arrivée de Camaralzaman, qu'elle sortit pour lui parler. D'abord elle jeta les yeux sur le prince Camaralzaman, pour qui elle avait versé tant de larmes depuis leur séparation, et elle le reconnut sous son méchant habit. Quant au prince, qui tremblait devant un Roi, comme il le croyait, à qui il avait à répondre d'une dette imaginaire, il n'eut pas seulement la pensée que ce pût être celle qu'il désirait si ardemment de retrouver. Si la princesse eût suivi son inclination, elle eût couru à lui, et se fût fait connaître en l'embrassant ; mais elle se retint, et elle crut qu'il était de l'intérêt de l'un et de l'autre de soutenir encore quelque temps le personnage de Roi, avant de se découvrir. Elle se contenta de le recommander à un officier qui était présent, et de le charger de prendre soin de lui, et de le bien traiter jusqu'au lendemain.

Quand la princesse Badoure eut bien pourvu à ce qui regardait le prince Camaralzaman, elle se tourna du côté du capitaine, pour reconnaître le service important qu'il lui avait rendu, en chargeant un autre officier d'aller sur-le-champ lever le sceau qui avait été apposé à ses marchandises et à celles de ses marchands, et le renvoya avec le présent d'un riche diamant, qui le récompensa beaucoup au-delà de la dépense du voyage qu'il venait de faire. Elle lui dit même qu'il n'avait qu'à garder les mille pièces d'or payées pour les pots d'olives, et qu'elle saurait bien s'en accommoder avec le marchand qu'il venait d'amener.

Elle rentra enfin dans l'appartement de la princesse de l'île d'Ebène, à qui elle fit part de sa joie, en la priant néanmoins de lui garder encore le secret, et en lui faisant confidence des mesures qu'elle jugeait à propos de prendre avant de se faire connaître au prince Camaralzaman, et de le faire connaître lui-même pour ce qu'il était. « Il y a, ajouta-t-elle, une si grande distance d'un jardinier à un grand prince, tel qu'il est, qu'il y aurait du danger à le faire passer en un moment du dernier état du peuple à un si haut degré, quelque justice qu'il y ait à le faire. » Bien loin de lui manquer de fidélité, la princesse de l'île d'Ebène entra dans son dessein. Elle l'assura qu'elle y contribuerait elle-même avec un très-grand plaisir, qu'elle n'avait qu'à l'avertir de ce qu'elle souhaiterait qu'elle fît.

Le lendemain, la princesse de la Chine, sous le nom, l'habit et l'autorité du roi de l'île d'Ebène, après avoir pris soin de faire mener le prince Camaralzaman au bain de grand matin, et de lui faire prendre un habit d'émir, ou gouverneur de province, le fit introduire dans le conseil, où il attira les yeux de tous les seigneurs qui étaient présens, par sa bonne mine et par l'air majestueux de toute sa personne.

La princesse Badoure elle-même fut charmée de le revoir aussi aimable qu'elle l'avait vu tant de fois, et cela l'anima davantage à faire son éloge en plein conseil. Après qu'il eut pris sa place au rang des émirs, par son ordre : « Seigneurs, dit-elle en s'adressant aux autres émirs, Camaralzaman que je vous donne aujourd'hui pour collègue, n'est pas indigne de la place qu'il occupe parmi vous : je l'ai connu suffisamment dans mes voyages pour en répondre ; et je puis assurer qu'il se fera connaître à vous-mêmes, autant par sa valeur et mille autres belles qualités, que par la grandeur de son génie. »

Camaralzaman fut extrêmement étonné quand il eut entendu que le roi de l'île d'Ebène, qu'il était bien éloigné de prendre pour une femme, et encore moins pour sa chère princesse, l'avait nommé et assuré qu'il le connaissait ; et comme il était certain qu'il ne s'était rencontré avec lui en aucun endroit, il fut encore plus étonné des louanges excessives qu'il venait de recevoir.

Ces louanges, néanmoins, prononcées par une bouche pleine de majesté, ne le déconcertèrent pas : il les reçut avec une modestie qui fit voir qu'il les méritait ; mais qu'elles ne lui donnaient pas de vanité. Il se prosterna devant le trône du Roi, et, en se relevant : « Sire, dit-il, je n'ai point de termes pour remercier Votre Majesté du grand honneur qu'elle me fait, encore moins de tant de bontés. Je ferai tout ce qui sera en mon pouvoir pour les mériter. »

En sortant du conseil, ce prince fut conduit par un officier dans un grand hôtel que la princesse Badoure avait déjà fait meubler exprès pour lui. Il y trouva des officiers et des domestiques prêts à recevoir ses commandemens, et une écurie garnie de très-beaux chevaux, le tout pour soutenir la dignité d'émir, dont il venait d'être honoré; et quand il fut dans son cabinet, son intendant lui présenta un coffre-fort plein d'or pour sa dépense. Moins il pouvait concevoir par quel endroit lui venait ce grand bonheur, plus il en était dans l'admiration; et jamais il n'eut la pensée que la princesse de la Chine en fût la cause.

Au bout de deux ou trois jours, la princesse Badoure, pour donner au prince Camaralzaman plus d'accès près de sa personne, et en même temps plus de distinction, le gratifia de la charge de grand-trésorier, qui venait de vaquer. Il s'acquitta de cet emploi avec tant d'intégrité, en obligeant cependant tout le monde, qu'il s'acquit non-seulement l'amitié de tous les seigneurs de la Cour; mais même qu'il gagna le cœur de tout le peuple par sa droiture et par ses largesses.

Camaralzaman eût été le plus heureux de tous les hommes de se voir dans une si haute faveur auprès d'un Roi étranger, comme il se l'imaginait, et d'être auprès de tout le monde dans une considération qui augmentait tous les jours, s'il eût possédé sa princesse. Au milieu de son bonheur, il ne cessait de s'affliger de n'apprendre d'elle aucune nouvelle dans un pays où il semblait qu'elle devait avoir passé depuis le temps qu'il s'était séparé d'avec elle d'une manière si affligeante pour l'un et pour l'autre. Il aurait pu se douter de quelque chose, si la princesse Badoure eût conservé le nom de Camaralzaman, qu'elle avait pris avec son habit; mais elle l'avait changé en montant sur le trône, et s'était donné celui d'Armanos, pour faire honneur à l'ancien Roi, son beau-père. De la sorte, on ne la connaissait plus que sous le nom de roi Armanos le jeune, et il n'y avait que quelques courtisans qui se souvinssent du nom de Camaralzaman, dont elle se faisait appeler en arrivant à la Cour de l'île d'Ebène. Camaralzaman n'avait pas encore eu assez de familiarité avec eux pour s'en instruire; mais à la fin il pouvait l'avoir.

Comme la princesse Badoure craignait que cela n'arrivât, et qu'elle était bien aise que Camaralzaman ne fût redevable de sa reconnaissance qu'à elle seule, elle résolut de mettre fin à ses propres tourmens et à ceux qu'elle savait qu'il souffrait. En effet, elle avait remarqué que toutes les fois qu'elle s'entretenait avec lui des affaires qui dépendaient de sa charge, il poussait de temps en temps des soupirs qui ne pouvaient s'adresser qu'à elle. Elle vivait elle-même dans une contrainte dont elle était résolue de se délivrer sans différer plus long-temps. D'ailleurs l'amitié des seigneurs, le zèle et l'affection du peuple, tout contribuait à lui mettre la couronne de l'île d'Ebène sur la tête sans obstacle.

La princesse Badoure n'eut pas plutôt

pris cette résolution, de concert avec la princesse Haïatalnefous, qu'elle prît le prince Camaralzaman en particulier le même jour. « Camaralzaman, lui dit-elle, j'ai à m'entretenir avec vous d'une affaire de longue discussion, sur laquelle j'ai besoin de votre conseil. Comme je ne vois pas que je puisse le faire plus commodément que la nuit, venez ce soir, et avertissez qu'on ne vous attende pas ; j'aurai soin de vous donner un lit. »

Camaralzaman ne manqua pas de se trouver au palais à l'heure que la princesse Badoure lui avait marquée. Elle le fit entrer avec elle dans le palais intérieur ; et après qu'elle eut dit au chef des eunuques, qui se préparait à la suivre, qu'elle n'avait point besoin de son service, et qu'il tînt seulement la porte fermée, elle le mena dans un autre appartement que celui de la princesse Haïatalnefous, où elle avait coutume de coucher.

Quand le prince et la princesse furent dans la chambre, où il y avait un lit, et que la porte fut fermée, la princesse tira le talisman d'une petite boîte, et, en le présentant à Camaralzaman : « Il n'y a pas long-temps, lui dit-elle, qu'un astrologue m'a fait présent de ce talisman; comme vous êtes habile en toutes choses, vous pourrez bien me dire à quoi il est propre. »

Camaralzaman prit le talisman, et s'approcha d'une bougie pour le considérer. Dès qu'il l'eut reconnu avec une surprise qui fit plaisir à la princesse: « Sire, s'écria-t-il, Votre Majesté me demande à quoi ce talisman est propre? Hélas! il est propre à me faire mourir de douleur et de chagrin, si je ne trouve bientôt la princesse la plus charmante et la plus aimable qui ait jamais paru sous le ciel, à qui il a appartenu, et dont il m'a causé la perte! Il me l'a causée par une aventure étrange, dont le récit toucherait Votre Majesté de compassion pour un mari et pour un amant infortuné comme moi, si elle voulait se donner la patience de l'entendre. »

« Vous m'en entretiendrez une autre fois, reprit la princesse ; mais je suis bien aise, ajouta-t-elle, de vous dire que j'en sais déjà quelque chose. Je reviens à vous: attendez-moi un moment. »

En disant ces paroles, la princesse Badoure entra dans un cabinet, où elle quitta le turban royal ; et après avoir pris en peu de momens une coiffure et un habillement de femme, avec la ceinture qu'elle avait le jour de leur séparation, elle rentra dans la chambre.

Le prince Camaralzaman reconnut d'abord sa chère princesse, courut à elle, et en l'embrassant tendrement : « Ah ! s'écria-t-il, que je suis obligé au Roi de m'avoir surpris si agréablement ! » « Ne vous attendez pas à revoir le Roi, reprit la princesse en l'embrassant à son tour les larmes aux yeux : en me voyant, vous voyez le Roi. Asseyons-nous, que je vous explique cette énigme. »

Ils s'assirent, et la princesse raconta au prince la résolution qu'elle avait prise dans la prairie où ils avaient campé ensemble la dernière fois, dès qu'elle eut reconnu qu'elle l'attendrait inutilement ; de quelle manière elle l'avait exécutée jusqu'à son arrivée à l'île d'Ebène, où elle avait été obligée d'épouser la princesse Haïatalnefous, et d'accepter la couronne que le roi Armanos lui avait offerte en conséquence de son mariage; comment la princesse, dont elle lui exagéra le mérite, avait reçu la déclaration qu'elle lui avait faite de son sexe; et enfin l'aventure du talisman trouvé dans un des pots d'olives et de poudre d'or qu'elle avait achetés, qui lui avait donné lieu de l'envoyer prendre dans la ville des idolâtres.

Quand la princesse Badoure eut achevé, elle voulut que le prince lui apprît par quelle aventure le talisman avait été cause de leur séparation; il la satisfit, et quand il eut fini, il se plaignit à elle d'une manière obligeante de la cruauté qu'elle avait eue de le faire languir si long-temps. Elle lui en apporta les raisons dont nous avons parlé; après quoi, comme il était fort tard, ils se couchèrent.....

Scheherazade s'interrompit à ces dernières paroles, à cause du jour, qu'elle voyait paraître. Elle poursuivit la nuit suivante, et dit au sultan des Indes :

CCXXVIII.e NUIT.

Sire, la princesse Badoure et le prince Camaralzaman se levèrent le lendemain dès qu'il fut jour. Mais la princesse quitta l'habillement royal pour reprendre l'habit de femme, et lorsqu'elle fut habillée, elle envoya le chef des eunuques prier le roi Armanos son beau-père, de prendre la peine de venir à son appartement.

Quand le roi Armanos fut arrivé, sa surprise fut fort grande de voir une dame qui lui était inconnue, et le grand-trésorier, à qui il n'appartenait pas d'entrer dans le palais intérieur, non plus qu'à aucun seigneur de la Cour. En s'asseyant, il demanda où était le Roi.

« Sire, reprit la princesse, hier j'étais le Roi, et aujourd'hui je ne suis que princesse de la Chine, femme du véritable prince Camaralzaman, fils véritable du roi Schahzaman. Si Votre Majesté veut bien se donner la patience d'entendre notre histoire de l'un et de l'autre, j'espère qu'elle ne me condamnera pas de lui avoir fait une tromperie si innocente. » Le roi Armanos lui donna audience, l'écouta avec étonnement depuis le commencement jusqu'à la fin.

En achevant : « Sire, ajouta la princesse, quoique dans notre religion les femmes s'accommodent peu de la liberté qu'ont les maris de prendre plusieurs femmes, si néanmoins Votre Majesté consent à donner la princesse Haïatalnefous, sa fille, en mariage au prince Camaralzaman, je lui cède de bon cœur le rang et la qualité de reine qui lui appartient de droit, et me contente du second rang.

Quand cette préférence ne lui appartiendrait pas, je ne laisserais pas de la lui accorder, après l'obligation que je lui ai du secret qu'elle m'a gardé avec tant de générosité. Si Votre Majesté s'en remet à son consentement, je l'ai déjà prévenue là-dessus, et je suis caution qu'elle en sera très-contente. »

Le roi Armanos écouta le discours de la princesse Badoure avec admiration ; et quand elle eut achevé : « Mon fils, dit-il au prince Camaralzaman en se tournant de son côté, puisque la princesse Badoure, votre femme, que j'avais regardée jusqu'à présent comme mon gendre, par une tromperie dont je ne puis me plaindre, m'assure qu'elle veut bien partager votre lit avec ma fille, il ne me reste plus que de savoir si vous voulez bien l'épouser aussi, et accepter la couronne que la princesse Badoure mériterait de porter toute sa vie, si elle n'aimait mieux la quitter pour l'amour de vous. » « Sire, répondit le prince Camaralzaman, quelque passion que j'aie de revoir le Roi mon père, les obligations que j'ai à Votre Majesté et à la princesse Haïatalnefous, sont si essentielles, que je ne puis lui rien refuser. »

Camaralzaman fut proclamé Roi, et marié le même jour avec de grandes magnificences, et fut très-satisfait de la beauté, de l'esprit et de l'amour de la princesse Haïatalnefous.

Dans la suite, les deux Reines continuèrent de vivre ensemble avec la même amitié et la même union qu'auparavant, et furent très-satisfaites de l'égalité que le roi Camaralzaman gardait à leur égard, en partageant son lit avec elles alternativement.

Elles lui donnèrent chacune un fils la même année, presqu'en même temps; et la naissance des deux princes fut célébrée avec de grandes réjouissances. Camaralzaman donna le nom d'Amgiad,* au premier, dont la reine Badoure était accouchée, et celui d'Assad,* à celui que la reine Haïatalnefous avait mis au monde.

HISTOIRE
DES PRINCES AMGIAD ET ASSAD.

Les deux princes furent élevés avec grand soin, et lorsqu'ils furent en âge, ils n'eurent que le même gouverneur, les mêmes précepteurs dans les sciences et dans les beaux-arts, que le roi Camaralzaman voulut qu'on leur enseignât, et que le même maître dans chaque exercice. La forte

---

* Très-glorieux.
** Très-heureux.

amitié qu'ils avaient l'un pour l'autre dès leur enfance, avait donné lieu à cette uniformité qui l'augmenta davantage.

En effet, lorsqu'ils furent en âge d'avoir chacun une maison séparée, ils étaient unis si étroitement, qu'ils supplièrent le roi Camaralzaman, leur père, de leur en accorder une seule pour tous deux. Ils l'obtinrent, et ainsi ils eurent les mêmes officiers, les mêmes domestiques, les mêmes équipages, le même appartement et la même table. Insensiblement, Camaralzaman avait pris une si grande confiance en leur capacité et en leur droiture, que lorsqu'ils eurent atteint l'âge de dix-huit à vingt ans, il ne faisait pas difficulté de les charger du soin de présider au conseil alternativement, toutes les fois qu'il faisait des parties de chasse de plusieurs jours.

Comme les deux princes étaient également beaux et bien faits, dès leur enfance les deux Reines avaient conçu pour eux une tendresse incroyable, de manière néanmoins que la princesse Badoure avait plus de penchant pour Assad, fils de la reine Haïatalnefous, que pour Amgiad son prodre fils, et que la reine Haïatalnefous en avait plus pour Amgiad que pour Assad, qui était le sien.

Les Reines ne prirent d'abord ce penchant que pour une amitié qui procédait de l'excès de celle qu'elles conservaient toujours l'une pour l'autre. Mais à mesure que les princes avancèrent en âge, elle se tourna peu à peu en une forte inclination, et cette inclination en un amour des plus violens, lorsqu'ils parurent à leurs yeux avec des grâces qui achevèrent de les aveugler. Toute l'infamie de leur passion leur était connue: elles firent aussi de grands efforts pour y résister; mais la familiarité avec laquelle elles les voyaient tous les jours, et l'habitude de les admirer dès leur enfance, de les caresser, dont il n'était plus en leur pouvoir de se défaire, les embrasèrent d'amour à un point qu'elles en perdirent le sommeil, le boire et le manger. Pour leur malheur, et pour le malheur des princes mêmes, les princes, accoutumés à leurs manières, n'eurent pas le moindre soupçon de cette flamme détestable.

Comme les deux Reines ne s'étaient pas fait un secret de leur passion, et qu'elles n'avaient pas le front de le déclarer de bouche au prince que chacune aimait en particulier, elles convinrent de s'en expliquer chacune par un billet; et, pour l'exécution d'un dessein si pernicieux, elles profitèrent de l'absence du roi Camaralzaman pour une chasse de trois ou quatre jours.

Le jour du départ du Roi, le prince Amgiad présida au conseil, et rendit la justice jusqu'à deux ou trois heures après midi. A la sortie du conseil, comme il rentrait dans le palais, un eunuque le prit en particulier, et lui présenta un billet de la part de la reine Haïatalnefous. Amgiad le prit et le lut avec horreur. « Quoi! perfide, dit-il à l'eunuque en achevant de lire et en tirant le sabre, est-ce là la fidélité que tu dois à ton maître et à ton Roi? » En disant ces paroles, il lui trancha la tête.

Après cette action, Amgiad, transporté de colère, alla trouver la reine Badoure, sa mère, d'un air qui marquait son ressentiment, lui montra le billet, et l'informa du contenu, après lui avoir dit de quelle part il venait. Au lieu de l'écouter, la reine Badoure se mit en colère elle-même. « Mon fils, reprit-elle, ce que vous me dites est une calomnie et une imposture : la reine Haïatalnefous est sage ; et je vous trouve bien hardi de me parler contre elle avec cette insolence. » Le prince s'emporta contre la reine sa mère, à ces paroles. « Vous êtes toutes plus méchantes les unes que les autres ! s'écria-t-il : si je n'étais retenu par le respect que je dois au Roi mon père, ce jour serait le dernier de la vie d'Haïatalnefous. »

La reine Badoure pouvait bien juger, par l'exemple de son fils Amgiad, que le prince Assad, qui n'était pas moins vertueux, ne recevrait pas plus favorablement la déclaration semblable qu'elle avait à lui faire. Cela ne l'empêcha pas de persister dans un dessein si abominable, et elle lui écrivit aussi un billet le lendemain, quelle confia à une vieille qui avait entrée dans le palais.

La vieille prit aussi son temps de rendre le billet au prince Assad, à la sortie du conseil, où il venait de présider à son tour. Le prince le prit, et en le lisant, il se laissa emporter à la colère si vivement, que sans se donner le temps d'achever, il tira son sabre, et punit la vieille comme elle le méritait. Il courut à l'appartement de la reine Haïatalnefous, sa mère, le billet à la main; il voulut le lui montrer; mais elle ne lui en donna pas le temps, ni même celui de parler. « Je sais ce que vous me voulez, s'écria-t-elle, et vous êtes aussi impertinent que votre frère Amgiad. Retirez-vous, et ne paraissez jamais devant moi. »

Assad demeura interdit à ces paroles; auxquelles il ne s'était pas attendu, et elles le mirent dans un transport dont il fut sur le point de donner des marques funestes; mais il se retint, et se retira sans répliquer, de crainte qu'il ne lui échappât de dire quelque chose d'indigne de sa grandeur d'ame. Comme le prince

Amgiad avait eu la retenue de ne lui rien dire du billet qu'il avait reçu le jour d'auparavant, et que ce que la Reine sa mère venait de lui dire lui faisait comprendre qu'elle n'était pas moins criminelle que la reine Badoure, il alla lui faire un reproche obligeant de sa discrétion, et mêler sa douleur avec la sienne.

Les deux Reines, au désespoir d'avoir trouvé dans les deux princes une vertu qui devait les faire rentrer en elles-mêmes, renoncèrent à tous les sentimens de la nature et de mère, et concertèrent ensemble de les faire périr. Elles firent accroire à leurs femmes qu'ils avaient entrepris de les forcer : elles en firent toutes les feintes par leurs larmes, par leurs cris et par les malédictions qu'elles leur donnaient, et se couchèrent dans un même lit, comme si la résistance qu'elles feignirent aussi d'avoir faite, les eût réduites aux abois....

Mais, Sire, dit ici Scheherazade, le jour paraît, et m'impose silence. Elle se tut, et la nuit suivante elle poursuivit la même histoire, et dit au sultan des Indes:

CCXXIXe NUIT.

Sire, nous laissâmes hier les deux Reines dénaturées dans la résolution détestable de perdre les deux princes leurs fils. Le lendemain, le roi Camaralzaman, à son retour de la chasse, fut dans un grand étonnement de les trouver couchées ensemble, éplorées, et dans un état qu'elles surent si bien contrefaire, qu'il le toucha de compassion. Il leur demanda avec empressement ce qui leur était arrivé.

A cette demande, les dissimulées Reines redoublèrent leurs gémissemens et leurs sanglots; et après qu'il les eut bien pressées, la reine Badoure prit enfin la parole: « Sire, dit-elle, la juste douleur dont nous sommes affligées est telle, que nous ne devrions plus voir le jour après l'outrage que les princes vos fils nous ont fait par une brutalité qui n'a pas d'exemple. Par un complot indigne de leur naissance, votre absence leur a donné la hardiesse et l'insolence d'attenter à notre honneur.

Que Votre Majesté nous dispense d'en dire davantage : notre affliction suffira pour lui faire comprendre le reste. »

Le Roi fit appeler les deux princes, et il leur eût ôté la vie de sa propre main, si l'ancien roi Armanos, son beau-père, qui était présent, ne lui eût retenu le bras. « Mon fils, dit-il, que pensez-vous faire ? Voulez-vous ensanglanter vos mains et votre palais de votre propre sang ? Il y a d'autres moyens de les punir, s'il est vrai qu'ils soient criminels. » Il tâcha de l'appaiser, et il le pria de bien examiner s'il était certain qu'ils eussent commis le crime dont on les accusait.

Camaralzaman put bien gagner sur lui-même de n'être pas le bourreau de ses propres enfans ; mais après les avoir fait arrêter, il fit venir sur le soir un émir nommé Giondar, qu'il chargea d'aller leur ôter la vie hors de la ville, de tel côté et si loin qu'il lui plairait, et de ne pas revenir qu'il n'apportât leurs habits, pour marque de l'exécution de l'ordre qu'il lui donnait.

Giondar marcha toute la nuit, et le

lendemain matin, quand il eut mis pied à terre, il signifia aux princes, les larmes aux yeux, l'ordre qu'il avait. « Princes, leur dit-il, cet ordre est bien cruel, et c'est pour moi une mortification des plus sensibles d'avoir été choisi pour en être l'exécuteur : plût à Dieu que je pusse m'en dispenser ! » « Faites votre devoir, reprirent les princes : nous savons bien que vous n'êtes pas la cause de notre mort; nous vous la pardonnons de bon cœur. »

En disant ces paroles, les princes s'embrassèrent, et se dirent le dernier adieu avec tant de tendresse, qu'ils furent long-temps sans se séparer. Le prince Assad se mit le premier en état de recevoir le coup de la mort. « Commencez par moi, dit-il, Giondar; que je n'aie pas la douleur de voir mourir mon cher frère Amgiad. » Amgiad s'y opposa, et Giondar ne put, sans verser des larmes plus qu'auparavant, être témoin de leur contestation, qui marquait combien leur amitié était sincère et parfaite.

Ils terminèrent enfin ce différend si touchant, et ils prièrent Giondar de les lier ensemble, et de les mettre dans la situation la plus commode pour leur donner le coup de la mort en même-temps. « Ne refusez pas, ajoutèrent-ils, de donner cette consolation de mourir ensemble à deux frères infortunés qui, jusqu'à leur innocence, n'ont rien eu que de commun depuis qu'ils sont au monde. »

Giondar accorda aux deux princes ce qu'ils souhaitaient : il les lia ; et quand il les eut mis dans l'état qu'il crut le plus à son avantage pour ne pas manquer de leur couper la tête d'un seul coup, il leur demanda s'ils avaient quelque chose à lui commander avant de mourir.

« Nous ne vous prions que d'une seule chose, répondirent les deux princes : c'est de bien assurer le Roi, notre père, à votre retour, que nous mourons innocens ; mais que nous ne lui imputons pas l'effusion de notre sang. En effet, nous savons qu'il n'est pas bien informé de la vérité du crime dont nous sommes accusés. » Giondar leur promit qu'il n'y manquerait pas, et en même-temps il tira son sabre. Son cheval, qui était lié à un arbre près de lui, épouvanté de cette action et de l'éclat du sabre, rompit sa bride, s'échappa, et se mit à courir de toute sa force par la campagne.

C'était un cheval de grand prix et richement harnaché, que Giondar aurait été bien fâché de perdre. Troublé de cet accident, au lieu de couper la tête aux princes, il jeta le sabre, et courut après le cheval pour le rattraper.

Le cheval, qui était vigoureux, fit plusieurs caracoles devant Giondar, et le mena jusqu'au bois, où il se jeta. Giondar le suivit, et le hennissement du cheval éveilla un lion qui dormait ; le lion accourut, et au lieu d'aller au cheval, il vint droit à Giondar dès qu'il l'eut aperçu.

Giondar ne songea plus à son cheval : il fut dans un plus grand embarras pour la conservation de sa vie, en évitant l'attaque du lion, qui ne le perdait pas de vue, et qui le suivait de près au travers des arbres. « Dans cette extrémité, Dieu ne m'enverrait pas ce châtiment, disait-il en lui-même, si les princes, à qui l'on m'a commandé d'ôter la vie, n'étaient pas innocens ; et, pour mon malheur, je n'ai pas mon sabre pour me défendre. »

Pendant l'éloignement de Giondar, les deux princes furent pressés également d'une soif ardente, causée par la frayeur de la mort, nonobstant leur résolution généreuse de subir l'ordre cruel du Roi, leur père. Le prince Amgiad fit remarquer au prince, son frère, qu'ils n'étaient pas loin d'une source d'eau, et lui proposa de se délier et d'aller boire. « Mon frère, reprit le prince Assad, pour le peu de temps que nous avons à vivre, ce n'est pas la peine d'étancher notre soif ; nous la supporterons bien encore quelques momens. »

Sans avoir égard à cette remontrance, Amgiad se délia, et délia le prince, son frère, malgré lui ; ils allèrent à la source ; et après qu'ils se furent rafraîchis, ils entendirent le rugissement du lion, et de grands cris dans le bois où le cheval et Giondar étaient entrés. Amgiad prit aussitôt le sabre dont Giondar s'était débarrassé. « Mon frère, dit-il à Assad, courons au secours du malheureux Giondar ;

peut-être arriverons-nous assez tôt pour le délivrer du péril où il est. »

Les deux princes ne perdirent pas de temps, et ils arrivèrent dans le même moment que le lion venait d'abattre Giondar. Le lion, qui vit que le prince Amgiad avançait vers lui le sabre levé, lâcha sa prise, et vint droit à lui avec furie. Le prince le reçut avec intrépidité, et lui donna un coup avec tant de force et d'adresse, qu'il le fit tomber mort.

Dès que Giondar eut connu que c'était aux deux princes qu'il devait la vie, il se jeta à leurs pieds, et les remercia de la grande obligation qu'il leur avait, en des termes qui marquaient sa parfaite reconnaissance. « Princes, leur dit-il en se relevant et en leur baisant les mains, les larmes aux yeux, Dieu me garde d'attenter à votre vie, après le secours si obligeant et si éclatant que vous venez de me donner! Jamais on ne reprochera à l'émir Giondar d'avoir été capable d'une si grande ingratitude. »

Le service que nous vous avons rendu, reprirent les princes, ne doit pas vous empêcher d'exécuter votre ordre. Reprenons auparavant votre cheval, et retournons au lieu où vous nous aviez laissés. » Ils n'eurent pas de peine à reprendre le cheval, qui avait passé sa fougue et qui s'était arrêté. Mais quand ils furent de retour près de la source, quelques prières et quelques instances qu'ils fissent, ils ne purent jamais persuader à l'émir Giondar de les faire mourir. « La seule chose que je prends la liberté de vous demander, leur dit-il, et que je vous supplie de m'accorder, c'est de vous accommoder de ce que je puis vous partager de mon habit, de me donner chacun le vôtre, et de vous sauver si loin, que le Roi votre père n'entende jamais parler de vous. »

Les princes furent contraints de se rendre à ce qu'il voulut; et après qu'ils lui eurent donné leur habit l'un et l'autre, et qu'ils se furent couverts de ce qu'il leur donna du sien, l'émir Giondar leur donna ce qu'il avait sur lui d'or et d'argent, et prit congé d'eux.

Quand l'émir Giondar se fut séparé d'avec les princes, il passa par le bois, où il teignit leurs habits du sang du lion, et continua son chemin jusqu'à la capitale de l'île d'Ébène. A son arrivée, le roi Camaralzaman lui demanda s'il avait été fidèle à exécuter l'ordre qu'il lui avait donné. « Sire, répondit Giondar en lui présentant les habits des deux princes, en voici les témoignages. »

« Dites-moi, reprit le Roi, de quelle manière ils ont reçu le châtiment dont je les ai fait punir. » « Sire, reprit-il, ils l'ont reçu avec une constance admirable, et avec une résignation aux décrets de Dieu, qui marquait la sincérité avec laquelle ils faisaient profession de leur religion, mais particulièrement avec un grand respect pour Votre Majesté, et avec une soumission inconcevable à leur arrêt de mort. » « Nous mourons innocens, disaient-ils ; mais nous n'en murmurons « pas. Nous recevons notre mort de la « main de Dieu, et nous la pardonnons « au Roi notre père ; nous savons très-« bien qu'il n'a pas été informé de la « vérité. »

Camaralzaman, sensiblement touché

de ce récit de l'émir Giondar, s'avisa de fouiller dans les poches des habits des deux princes, et il commença par celui d'Amgiad. Il y trouva un billet qu'il ouvrit et qu'il lut. Il n'eut pas plutôt connu que la reine Haïatalnefous l'avait écrit, non-seulement à son écriture, mais même à un petit peloton de ses cheveux qui était dedans, qu'il frémit. Il fouilla dans celle d'Assad en tremblant, et le billet de la reine Badoure, qu'il y trouva, le frappa d'un étonnement si prompt et si vif, qu'il s'évanouit.....

La sultane Scheherazade, qui s'aperçut à ces derniers mots que le jour paraissait, cessa de parler et garda le silence. Elle reprit la suite de l'histoire la nuit suivante, et dit au sultan des Indes :

CCXXX^e NUIT.

Sire, jamais douleur ne fut égale à celle dont Camaralzaman donna des marques dès qu'il fut revenu de son évanouissement. « Qu'as-tu fait, père barbare ! s'écria-t-il; tu as massacré tes propres enfans! Enfans innocens! Leur sagesse, leur modestie, leur obéissance, leur soumission à toutes tes volontés, leurs vertus ne te parlaient-elles pas assez pour leur défense? Père aveuglé, mérites-tu que la terre te porte, après un crime si exécrable! Je me suis jeté moi-même dans cette abomination, et c'est le châtiment dont Dieu m'afflige pour n'avoir pas persévéré dans l'aversion contre les femmes, avec laquelle j'étais né. Je ne laverai pas votre crime dans votre sang, comme vous le mériteriez, femmes détestables; non, vous n'êtes pas dignes de ma colère. Mais que le Ciel me confonde, si jamais je vous revois. »

Le roi Camaralzaman fut très-religieux à ne pas contrevenir à son serment. Il fit passer les deux Reines le même jour dans un appartement séparé, où elles demeurèrent sous bonne garde, et de sa vie il n'approcha d'elles.

Pendant que le roi Camaralzaman s'affligeait ainsi de la perte des princes ses fils, dont il était lui-même l'auteur, par un emportement trop inconsidéré, les deux princes erraient par les déserts, en évitant d'approcher des lieux habités, et la rencontre de toutes sortes de personnes; ils ne vivaient que d'herbes et de fruits sauvages, et ne buvaient que de méchante eau de pluie qu'ils trouvaient dans des creux de rochers. Pendant la nuit, pour se garder des bêtes féroces, ils dormaient et veillaient tour à tour.

Au bout d'un mois, ils arrivèrent au pied d'une montagne affreuse, toute de pierre noire, et inaccessible comme il leur paraissait. Ils aperçurent néanmoins un chemin frayé; mais ils le trouvèrent si étroit et si difficile, qu'ils n'osèrent hasarder de s'y engager. Dans l'espérance d'en trouver un moins rude, ils continuèrent de côtoyer la montagne, et marchèrent pendant cinq jours; mais la peine qu'ils se donnèrent fut inutile : ils furent contraints de revenir à ce chemin qu'ils avaient négligé. Ils le trouvèrent si peu praticable, qu'ils délibérèrent long-temps avant de s'encourager à monter. Ils s'engagèrent enfin, et ils montèrent.

Plus les deux princes avançaient, plus il leur semblait que la montagne était haute et escarpée, et ils furent tentés plusieurs fois d'abandonner leur entreprise. Quand l'un était las, et que l'autre s'en apercevait, celui-ci s'arrêtait, et ils reprenaient haleine ensemble. Quelquefois ils étaient tous deux si fatigués, que les forces leur manquaient : alors ils ne songeaient plus à continuer de monter, mais à mourir de fatigue et de lassitude. Quelques momens après, sentant leurs forces un peu revenues, ils s'animaient et reprenaient leur chemin.

Malgré leur diligence, leur courage et leurs efforts, il ne leur fut pas possible d'arriver au sommet de tout le jour. La nuit les surprit, et le prince Assad se trouva si fatigué et si épuisé de forces, qu'il demeura tout court. « Mon frère, dit-il au prince Amgiad, je n'en puis plus, je vais rendre l'ame. » « Reposons-nous autant qu'il vous plaira, reprit Amgiad en s'arrêtant avec lui, et prenez courage. Vous voyez qu'il ne nous reste plus beaucoup à monter, et que la lune nous favorise. »

Après une bonne demi-heure de repos, Assad fit un nouvel effort ; ils arrivèrent enfin au haut de la montagne, où ils firent encore une pause. Amgiad se leva le premier, et, en avançant, il vit un arbre à peu de distance. Il alla jusque-là, et trouva que c'était un grenadier chargé de grosses grenades, et qu'il y avait une fontaine au pied. Il courut annoncer cette bonne nouvelle à Assad, et l'amena sous l'arbre près de la fontaine. Ils se rafraîchirent chacun en mangeant une grenade ; après quoi ils s'endormirent.

Le lendemain matin, quand les princes furent éveillés : « Allons, mon frère, dit Amgiad à Assad, poursuivons notre chemin ; je vois que la montagne est bien plus aisée de ce côté que de l'autre, et nous n'avons qu'à descendre. » Mais Assad était tellement fatigué du jour précédent, qu'il ne lui fallut pas moins de trois jours pour se remettre entièrement. Il les passèrent en s'entretenant, comme ils avaient déjà fait plusieurs fois, de l'amour désordonné de leurs mères, qui les avait réduits à un état si déplorable. « Mais, disaient-ils, si Dieu s'est déclaré pour nous d'une manière si visible, nous devons supporter nos maux avec patience, et nous consoler, par l'espérance qu'il nous en fera trouver la fin. »

Les trois jours passés, les deux frères se remirent en chemin; et comme la montagne était, de ce côté-là, à plusieurs étages de grandes campagnes, ils mirent cinq jours avant d'arriver à la plaine. Ils découvrirent enfin une grande ville avec beaucoup de joie. « Mon frère, dit alors Amgiad à Assad, n'êtes-vous pas de même avis que moi, que vous demeuriez en quelqu'endroit hors de la ville où je viendrai vous retrouver, pendant que j'irai prendre langue et m'informer comment s'appèle cette ville, en quel pays nous sommes? et en revenant, j'aurai soin d'apporter des vivres. Il est bon de ne pas y entrer d'abord tous deux, au cas qu'il y ait du danger à craindre. »

« Mon frère, repartit Assad, j'approuve fort votre conseil: il est sage et plein de prudence; mais si l'un de nous deux doit se séparer pour cela, jamais je ne souffrirai que ce soit vous, et vous me permettrez que je m'en charge. Quelle douleur ne serait-ce pas pour moi s'il vous arrivait quelque chose ! »

« Mais, mon frère, repartit Amgiad, la même chose que vous craignez pour moi, je dois la craindre pour vous. Je vous supplie de me laisser faire, et de m'attendre avec patience. » « Je ne le permettrai jamais, répliqua Assad ; et s'il m'arrive quelque chose, j'aurai la consolation de savoir que vous serez en sûreté. » Amgiad fut obligé de céder ; et il s'arrêta sous des arbres au pied de la montagne.

LE PRINCE ASSAD ARRÊTÉ EN ENTRANT DANS LA VILLE DES MAGES.

Le prince Assad prit de l'argent dans la bourse dont Amgiad était chargé, et continua son chemin jusqu'à la ville. Il ne fut pas un peu avancé dans la première rue, qu'il joignit un vieillard vénérable, bien mis, et qui avait une canne à la main.

Comme il ne douta pas que ce ne fût un homme de distinction, et qui ne voudrait pas le tromper, il l'aborda. « Seigneur, lui dit-il, je vous supplie de m'enseigner le chemin de la place publique. »

Le vieillard regarda le prince en souriant : « Mon fils, lui dit-il, apparemment que vous êtes étranger ? Vous ne me feriez pas cette demande si cela n'était. » « Oui, Seigneur, je suis étranger, reprit Assad. » « Soyez le bien-venu, repartit le vieillard : notre pays est bien honoré de ce qu'un jeune homme bien fait comme vous a pris la peine de le venir voir. Dites-moi quelle affaire avez-vous à la place publique. »

« Seigneur, répliqua Assad, il y a près de deux mois qu'un frère que j'ai, et moi, nous sommes partis d'un pays fort éloigné d'ici. Depuis ce temps-là nous n'avons pas discontinué de marcher, et nous ne faisons que d'arriver aujourd'hui. Mon frère, fatigué d'un si long voyage, est demeuré au pied de la montagne, et je viens chercher des vivres pour lui et pour moi. »

« Mon fils, repartit encore le vieillard, vous êtes venu le plus à propos du monde, et je m'en réjouis pour l'amour de vous et de votre frère. J'ai fait aujourd'hui un grand régal à plusieurs de mes amis, dont il est resté une quantité de mets où personne n'a touché. Venez avec moi, je vous en donnerai bien à manger; et quand vous aurez fait, je vous en donnerai encore pour vous et pour votre frère de quoi vivre plusieurs jours. Ne prenez donc pas la peine d'aller dépenser votre argent à la place : les voyageurs n'en ont jamais trop. Avec cela, pendant que vous mangerez, je vous informerai des particularités de notre ville mieux que personne. Un homme comme moi, qui a passé par toutes les charges les plus honorables avec distinction, ne doit pas les ignorer. Vous devez bien vous réjouir aussi de ce que vous vous êtes adressé à moi plutôt qu'à un autre; car je vous dirai en passant que tous nos citoyens ne sont pas faits comme moi : il y en a, je vous assure, de bien méchans. Venez donc; je veux vous faire connaître la différence qu'il y a entre un honnête homme, comme je le suis, et bien des gens qui se vantent de l'être, et ne le sont pas. »

« Je vous suis infiniment obligé, reprit le prince Assad, de la bonne volonté que vous me témoignez : je me remets entièrement à vous, et je suis prêt à aller où il vous plaira. »

Le vieillard, en continuant de marcher, avec Assad à côté de lui, riait en sa barbe; et de crainte qu'Assad ne s'en aperçût, il l'entretenait de plusieurs choses, afin qu'il demeurât dans la bonne opinion qu'il avait conçue de lui. « Il faut avouer, lui disait-il, que votre bonheur est grand de vous être adressé à moi plutôt qu'à un autre. Je loue Dieu de ce que vous m'avez rencontré : vous saurez pourquoi je vous dis cela quand vous serez chez moi. »

Le vieillard arriva enfin à sa maison, et introduisit Assad dans une grande salle, où il vit quarante vieillards qui faisaient un cercle autour d'un feu allumé, qu'ils adoraient.

A ce spectacle, le prince Assad n'eut

pas moins d'horreur de voir des hommes assez dépourvus de bon sens pour rendre leur culte à la créature préférablement au créateur, que de frayeur de se voir trompé, et de se trouver dans un lieu si abominable.

Pendant qu'Assad était immobile de l'étonnement où il était, le rusé vieillard salua les quarante vieillards. « Dévots adorateurs du feu, leur dit-il, voici un heureux jour pour nous. Où est Gazban ? ajouta-t-il ; qu'on le fasse venir. »

A ces paroles prononcées assez haut, un noir, qui les entendit de dessous la salle, parut ; et ce noir, qui était Gazban, n'eut pas plutôt aperçu le désolé Assad, qu'il comprit pourquoi il avait été appelé. Il courut à lui, le jeta par terre d'un soufflet qu'il lui donna, et le lia par les bras avec une diligence merveilleuse. Quand il eut achevé : « Mène-le là-bas, lui commanda le vieillard, et ne manque pas de dire à mes filles Bostane et Cavame de lui bien donner la bastonnade chaque jour, avec un pain le matin et un autre le soir pour toute nourriture : c'en est assez pour le faire vivre jusqu'au départ du vaisseau pour la mer Bleue, et pour la montagne du Feu : nous en ferons un sacrifice agréable à notre divinité.... »

La sultane Scheherazade ne passa pas outre pour cette nuit, à cause du jour, qui paraissait. Elle poursuivit la nuit suivante, et dit au sultan des Indes :

CCXXXI^e NUIT.

Sire, dès que le vieillard eut donné l'ordre cruel par où j'achevai hier de parler, Gazban se saisit d'Assad en le maltraitant, le fit descendre sous la salle, et après l'avoir fait passer par plusieurs portes jusque dans un cachot où l'on descendait par vingt marches, il l'attacha par les pieds à une chaîne des plus grosses et des plus pesantes. Aussitôt qu'il eut achevé, il alla avertir les filles du vieillard ; mais le vieillard leur parlait déjà lui-même. « Mes filles, leur dit-il, descendez-là-bas, et donnez la bastonnade de la manière que vous savez au musulman dont je viens de faire capture, et ne l'épargnez pas : vous ne pouvez mieux marquer que vous êtes de bonnes adoratrices du feu. »

Bostane et Cavame, nourries dans la haine contre tous les musulmans, reçurent cet ordre avec joie. Elles descendirent au cachot dès le même moment, dépouillèrent Assad, le bastonnèrent impitoyablement jusqu'au sang et jusqu'à lui faire perdre connaissance. Après cette exécution si barbare, elles mirent un pain et un pot d'eau près de lui, et se retirèrent.

Assad ne revint à lui que long-temps après, et ce ne fut que pour verser des larmes par ruisseaux, en déplorant sa misère, avec la consolation néanmoins que ce malheur n'était pas arrivé à son frère Amgiad.

Le prince Amgiad attendit son frère Assad jusqu'au soir au pied de la montagne avec grande impatience. Quand il vit qu'il était deux, trois et quatre heures de nuit, et qu'il n'était pas venu, il pensa se désespérer. Il passa la nuit dans cette inquiétude désolante, et dès qu'elle parut, il s'achemina vers la ville. Il fut d'abord très-étonné de ne voir que très-peu de musulmans. Il arrêta le premier qu'il rencontra, et le pria de lui dire comment elle s'appelait. Il apprit que c'était la ville des Mages, ainsi nommée à cause que les mages, adorateurs du feu, y étaient en plus grand nombre, et qu'il n'y avait que très-peu de musulmans. Il demanda aussi combien on comptait de-là à l'île d'Ebène; et la réponse qu'on lui fit, fut que par mer il y avait quatre mois de navigation, et une année de voyage par terre. Celui à qui il s'était adressé le quitta brusquement après qu'il l'eut satisfait sur ces deux demandes, et continua son chemin, parce qu'il était pressé.

Amgiad, qui n'avait mis qu'environ six semaines à venir de l'île d'Ebène avec son frère Assad, ne pouvait comprendre comment ils avaient fait tant de chemin en si peu de temps, à moins que ce ne fût par enchantement, ou que le chemin de la montagne, par où ils étaient venus, ne fût un chemin plus court, qui n'était point pratiqué à cause de sa difficulté. En marchant par la ville, il s'arrêta à la boutique d'un tailleur, qu'il reconnut pour musulman à son habillement, comme il avait déjà reconnu celui à qui il avait parlé. Il s'assit près de lui après qu'il l'eut salué, et lui raconta le sujet de la peine où il était.

Quand le prince Amgiad eut achevé : « Si votre frère, reprit le tailleur, est tombé entre les mains de quelque mage, vous pouvez faire état de ne le revoir jamais. Il est perdu sans ressource; et je vous conseille de vous en consoler, et de songer à vous préserver vous-même d'une semblable disgrâce. Pour cela, si vous voulez me croire, vous demeurerez avec moi, et je vous instruirai de toutes les ruses de ces mages, afin que vous vous gardiez d'eux quand vous sortirez. » Amgiad, bien affligé d'avoir perdu son frère Assad, accepta l'offre, et remercia le tailleur mille fois de la bonté qu'il avait pour lui.

HISTOIRE

DU PRINCE AMGIAD ET D'UNE DAME DE LA VILLE DES MAGES.

Le prince Amgiad ne sortit pour aller par la ville, pendant un mois entier, qu'en la compagnie du tailleur ; il se hasarda enfin d'aller seul au bain. Au retour, comme il passait par une rue où il n'y avait personne, il rencontra une dame qui venait à lui.

La dame, qui vit un jeune homme très-bien fait, et tout frais sorti du bain, leva son voile, et lui demanda où il allait, d'un air riant et en lui faisant des yeux doux. Amgiad ne put résister aux charmes qu'elle lui fit paraître. » Madame, répondit-il, je vais chez moi ou chez vous, cela est à votre choix.

« Seigneur, répondit la dame avec un sourire agréable, les dames de ma sorte ne mènent pas les hommes chez elles, elles vont chez eux. »

Amgiad fut dans un grand embarras de

cette réponse, à laquelle il ne s'attendait pas. Il n'osait prendre la hardiesse de la mener chez son hôte, qui s'en serait scandalisé, et il aurait couru risque de perdre la protection dont il avait besoin dans une ville où il y avait tant de précautions à prendre. Le peu d'habitude qu'il y avait, faisait aussi qu'il ne savait aucun endroit où la conduire; et il ne pouvait se résoudre de laisser échapper une si belle fortune. Dans cette incertitude, il résolut de s'abandonner au hasard; et, sans répondre à la dame, il marcha devant elle; et la dame le suivit.

Le prince Amgiad la mena long-temps de rue en rue, de carrefour en carrefour, de place en place; et ils étaient fatigués de marcher l'un et l'autre, lorsqu'il enfila une rue qui se trouva terminée par une grande porte fermée d'une maison d'assez belle apparence, avec deux bancs, l'un d'un côté, l'autre de l'autre. Amgiad s'assit sur l'un comme pour reprendre haleine; et la dame, plus fatiguée que lui, s'assit sur l'autre.

Quand la dame fut assise: « C'est donc

ici votre maison ? dit-elle au prince Amgiad. » « Vous le voyez, Madame, reprit le prince. » « Pourquoi donc n'ouvrez-vous pas ? repartit-elle ; qu'attendez-vous ? » « Ma belle, répliqua Amgiad, c'est que je n'ai pas la clef ; je l'ai laissée à mon esclave, que j'ai chargé d'une commission d'où il ne peut pas être encore revenu. Et comme je lui ai commandé, après qu'il aurait fait cette commission, de m'acheter de quoi faire un bon dîné, je crains que nous ne l'attendions encore long-temps. »

La difficulté que le prince trouvait à satisfaire sa passion, dont il commençait à se repentir, lui avait fait imaginer cette défaite, dans l'espérance que la dame donnerait dedans, et que le dépit l'obligerait de le laisser là, et d'aller chercher fortune ailleurs ; mais il se trompa.

« Voilà un impertinent esclave, de se faire ainsi attendre, reprit la dame ; je le châtierai moi-même, comme il le mérite, si vous ne le châtiez bien quand il sera de retour. Il n'est pas bienséant cependant que je demeure seule à une porte avec un homme. » En disant cela elle se leva, et ramassa une pierre pour rompre la serrure, qui n'était que de bois, et fort faible, à la mode du pays.

Amgiad, au désespoir de ce dessein, voulut s'y opposer. « Madame, dit-il, que prétendez-vous faire ? De grâce, donnez-vous quelques momens de patience. »

« Qu'avez-vous à craindre ? reprit-elle ; la maison n'est elle pas à vous ? Ce n'est pas une grande affaire qu'une serrure de bois rompue : il est aisé d'en remettre une autre. » Elle rompit la serrure, et dès que la porte fut ouverte, elle entra et marcha devant.

Amgiad se tint tout perdu quand il vit la porte de la maison forcée. Il hésita s'il devait entrer ou s'évader, pour se délivrer du danger qu'il croyait indubitable, et il allait prendre ce parti, lorsque la dame se retourna, et vit qu'il n'entrait pas. « Qu'avez-vous, que vous n'entrez pas chez vous ? lui dit-elle. » « C'est, Madame, répondit-il, que je regardais si mon esclave ne revenait pas, et que je crains qu'il n'y ait rien de prêt. » « Venez, venez, reprit-elle, nous attendrons mieux ici que dehors, en attendant qu'il arrive. »

Le prince Amgiad entra, bien malgré lui, dans une cour spacieuse et proprement pavée. De la cour il monta par quelques dégrés à un grand vestibule, où ils aperçurent, lui et la dame, une grande salle ouverte, très-bien meublée, et dans la salle une table de mets exquis avec une autre chargée de plusieurs sortes de beaux fruits, et un buffet garni de bouteilles de vin.

Quand Amgiad vit ces apprêts, il ne douta plus de sa perte. « C'est fait de toi, pauvre Amgiad, dit-il en lui-même, tu ne survivras pas long-temps à ton cher frère Assad. » La dame, au contraire, ravie de ce spectacle agréable: Eh quoi! Seigneur, s'écria-t-elle, vous craigniez qu'il n'y eût rien de prêt! Vous voyez cependant que votre esclave a fait plus que vous ne croyiez. Mais, si je ne me trompe, ces préparatifs sont pour une autre dame que moi? Cela n'importe : qu'elle vienne cette dame, je vous promets de n'en être pas jalouse. La grâce que je vous demande, c'est de vouloir bien souffrir que je la serve et vous aussi. »

Amgiad ne put s'empêcher de rire de la plaisanterie de la dame, tout affligé qu'il était. Madame, reprit-il en pensant tout autre chose qui le désolait dans l'ame, je vous assure qu'il n'est rien moins que ce que vous vous imaginez : ce n'est là que mon ordinaire bien simplement. » Comme il ne pouvait se résoudre à se mettre à une table qui n'avait pas été préparée pour lui, il voulut s'asseoir sur le sofa ; mais la dame l'en empêcha. « Que faites-vous ? lui dit-elle ; vous devez avoir faim après le bain : mettons-nous à table, mangeons et réjouissons-nous. »

Amgiad fut contraint de faire ce que la dame voulut : ils se mirent à table, et ils mangèrent. Après les premiers morceaux, la dame prit un verre et une bouteille, se versa à boire, et but la première à la santé d'Amgiad. Quand elle eut bu, elle remplit le même verre, et le présenta à Amgiad, qui lui fit raison.

Plus Amgiad faisait réflexion sur son aventure, plus il était dans l'étonnement de voir que le maître de la maison ne paraissait pas, et même qu'une maison où tout était si propre et si riche, était sans un seul domestique. « Mon bonheur serait bien extraordinaire, se disait-il à lui-même, si le maître pouvait ne pas venir que je ne fusse sorti de cette intrigue! » Pendant qu'il s'entretenait de ces pensées, et d'autres plus fâcheuses, la dame continuait de manger, buvait de temps en temps, et l'obligeait de faire de même. Ils en étaient bientôt au fruit, lorsque le maître de la maison arriva.

C'était le grand-écuyer du roi des Mages, et son nom était Bahader. La maison lui appartenait; mais il en avait une autre où il faisait sa demeure ordinaire. Celle-ci ne lui servait qu'à se régaler en particulier avec trois ou quatre amis choisis; il y faisait tout apporter de chez lui, et c'est ce qu'il avait fait faire ce jour-là par quelques-uns de ses gens, qui ne faisaient que de sortir peu de temps avant qu'Amgiad et la dame arrivassent.

Bahader arriva sans suite et déguisé, comme il le faisait presque ordinairement, et il venait un peu avant l'heure qu'il avait donnée à ses amis. Il ne fut pas peu surpris de voir la porte de sa maison forcée. Il entra sans faire de bruit ; et comme il eut entendu que l'on parlait et que l'on se réjouissait dans la salle, il se coula le long du mur et avança la tête à demi à la porte pour voir quelles gens c'étaient. Comme il eut vu que c'étaient un jeune homme et une jeune dame qui mangeaient à la table qui n'avait été préparée que pour ses amis et pour lui, et que le mal n'était pas si grand qu'il s'était imaginé d'abord, il résolut de s'en divertir.

La dame, qui avait le dos un peu tourné, ne pouvait pas voir le grand-écuyer ; mais Amgiad l'aperçut d'abord, et alors il avait le verre à la main. Il changea de couleur à cette vue, les yeux attachés sur Bahader, qui lui fit signe de ne dire mot, et devenir lui parler.

Amgiad but et se leva. « Où allez-vous ? lui demanda la dame. » « Madame, lui dit-il, demeurez, je vous prie ; je suis à vous dans le moment : une petite nécessité m'oblige de sortir. » Il trouva Bahader qui l'attendait sous le vestibule, et qui le mena dans la cour pour lui parler sans être entendu de la dame....

Scheherazade s'aperçut à ces derniers mots qu'il était temps que le sultan des Indes se levât : elle se tut, et elle eut le temps de poursuivre la nuit suivante, et de lui parler en ces termes :

~~~~~~

CCXXXII^e NUIT.

SIRE, quand Bahader et le prince Amgiad furent dans la cour, Bahader demanda au prince par quelle aventure il se trouvait chez lui avec la dame, et pourquoi ils avaient forcé la porte de sa maison.

« Seigneur, reprit Amgiad, je dois paraître bien coupable dans votre esprit; mais si vous voulez bien avoir la patience de m'entendre, j'espère que vous me trouverez très-innocent. « Il poursuivit son discours, et lui raconta en peu de mots, la chose comme elle était, sans rien déguiser; et afin de le bien persuader qu'il n'était pas capable de commetre une action aussi indigne que de forcer une maison, il ne lui cacha pas qu'il était prince, non plus que la raison pour laquelle il se trouvait dans la ville des Mages.

Bahader, qui aimait naturellement les étrangers, fut ravi d'avoir trouvé l'occasion d'en obliger un de la qualité et du rang d'Amgiad. En effet, à son air, à ses manières honnêtes, à son discours en termes choisis et ménagés, il ne douta nullement de sa sincérité. « Prince, lui dit-il, j'ai une joie extrême d'avoir trouvé lieu de vous obliger dans une rencontre aussi plaisante que celle que vous venez de me raconter. Bien loin de troubler la fête, je me ferai un très-grand plaisir de contribuer à votre satisfaction. Avant que de vous communiquer ce que je pense là-dessus, je suis bien aise de vous dire que je suis grand-écuyer du Roi, et que je m'appelle Bahader. J'ai un hôtel où je fais ma demeure ordinaire, et cette maison est un lieu où je viens quelquefois pour être plus en liberté avec mes amis. Vous avez fait accroire à votre belle que vous aviez un esclave, quoique vous n'en ayez pas. Je veux être cet esclave; et afin que cela ne vous fasse pas de peine, et que vous ne vous en excusiez pas, je vous répète que je le veux être absolument; et vous en apprendrez bientôt la raison. Allez donc vous remettre à votre place, et continuez de vous divertir; et quand je reviendrai dans quelque temps, et que je me présenterai devant vous en habit d'esclave, querellez-moi bien; ne craignez pas même de me frapper: je vous servirai tout le temps que vous tiendrez table, et jusqu'à la nuit. Vous coucherez chez moi vous et la dame, et demain matin vous la renverrez avec honneur. Après cela, je tâcherai de vous rendre des services de plus de conséquence. Allez donc, et ne perdez pas de temps. » Amgiad voulut repartir; mais le grand-écuyer ne le permit pas, et il le contraignit d'aller retrouver la dame.

Amgiad fut à peine rentré dans la salle, que les amis que le grand-écuyer avait invités arrivèrent. Il les pria obligeamment de vouloir bien l'excuser s'il ne les recevait pas ce jour-là, en leur faisant entendre qu'ils en approuveraient la cause quand il les en aurait informés au premier jour. Dès qu'ils furent éloignés, il sortit, et il alla prendre un habit d'esclave.

Le prince Amgiad rejoignit la dame, le cœur bien content de ce que le hasard l'avait conduit dans une maison qui appartenait à un maître de si grande distinction, et qui en usait si honnêtement avec lui. En se remettant à table : « Madame, lui dit-il, je vous demande mille pardons de mon incivilité et de la mauvaise humeur où je suis de l'absence de mon esclave ; le maraud me le payera ; je lui ferai voir s'il doit être dehors si long-temps. »

« Cela ne doit pas vous inquiéter, reprit la dame ; tant pis pour lui ; s'il fait des fautes, il les payera. Ne songeons plus à lui, songeons seulement à nous réjouir. »

Ils continuèrent de tenir table avec d'autant plus d'agrément, qu'Amgiad n'était plus inquiet comme auparavant de ce qui arriverait de l'indiscrétion de la dame, qui ne devait pas forcer la porte, quand même la maison eût appartenu à Amgiad. Il ne fut pas moins de belle humeur que la dame, et ils se dirent mille plaisanteries en buvant plus qu'ils ne mangeaient, jusqu'à l'arrivée de Bahader, déguisé en esclave.

Bahader entra comme un esclave, bien mortifié de voir que son maître était en compagnie, et de ce qu'il revenait si tard. Il se jeta à ses pieds en baisant la terre, pour implorer sa clémence; et quand il se fut relevé, il demeura debout, les mains croisées et les yeux baissés, en attendant qu'il lui commandât quelque chose.

« Méchant esclave! lui dit Amgiad avec un œil et un ton de colère, dis-moi s'il y a au monde un esclave plus méchant que toi? Où as-tu été? Qu'as-tu fait, pour revenir à l'heure qu'il est? »

« Seigneur, reprit Bahader, je vous demande pardon, je viens de faire les commissions que vous m'avez données; je n'ai pas cru que vous dussiez revenir de si bonne heure. »

« Tu es un maraud, repartit Amgiad; et je te rouerai de coups pour t'apprendre à mentir, et à manquer à ton devoir. » Il se leva, prit un bâton, et lui en donna deux ou trois coups assez légèrement; après quoi il se remit à table.

La dame ne fut pas contente de ce châtiment; elle se leva à son tour, prit le bâton, et en chargea Bahader de tant de coups, sans l'épargner, que les larmes lui en vinrent aux yeux. Amgiad, scandalisé au dernier point de la liberté qu'elle se donnait, et de ce qu'elle maltraitait un officier du Roi de cette importance, avait beau crier que c'était assez, elle frappait toujours : « Laissez-moi faire, disait-elle, je veux me satisfaire, et lui apprendre à ne pas s'absenter si long-temps une autre fois. » Elle continuait toujours avec tant de furie, qu'il fut contraint de se lever et de lui arracher le bâton, qu'elle ne lâcha qu'après beaucoup de résistance. Comme elle vit qu'elle ne pouvait plus battre Bahader, elle se remit à sa place et lui dit mille injures.

Bahader essuya ses larmes, et demeura debout pour leur verser à boire. Lorsqu'il vit qu'ils ne buvaient et ne mangeaient plus, il desservit, il nettoya la salle, il mit toutes choses en leur lieu; et dès qu'il fut nuit, il alluma les bougies. A chaque fois qu'il sortait ou qu'il entrait, la dame ne manquait pas de le gronder, de le menacer et de l'injurier, avec un grand mécontentement de la part d'Amgiad, qui voulait le ménager, et n'osait lui rien dire. A l'heure qu'il fut temps de se coucher, Bahader leur prépara un lit sur le sofa, et se retira dans une chambre, où il ne fut pas long-temps à s'endormir, après une si longue fatigue.

Amgiad et la dame s'entretinrent encore une grosse demi-heure, et avant de se coucher, la dame eut besoin de sortir. En passant sous le vestibule, comme elle eut entendu que Bahader ronflait déjà, et qu'elle avait vu qu'il y avait un sabre dans la salle : « Seigneur, dit-elle à Amgiad en rentrant, je vous prie de faire une chose pour l'amour de moi. » « De quoi s'agit-il pour votre service ? reprit Amgiad. » « Obligez-moi de prendre ce sabre, repartit-elle, et d'aller couper la tête à votre esclave. »

Amgiad fut extrêmement étonné de cette proposition, que le vin faisait faire à la dame, comme il n'en douta pas. « Madame, lui dit-il, laissons là mon esclave : il ne mérite pas que vous pensiez à lui : je l'ai châtié, vous l'avez châtié vous-même, cela suffit; d'ailleurs, je suis très-content de lui, et il n'est pas accoutumé à ces sortes de fautes. »

Je ne me paye pas de cela, reprit la dame enragée; je veux que ce coquin meure; et s'il ne meurt de votre main, il mourra de la mienne. » En disant ces paroles, elle met la main sur le sabre, le tire hors du fourreau, et s'échappe pour exécuter son pernicieux dessein.

Amgiad la rejoint sous le vestibule, et, en la rencontrant : « Madame, lui dit-il, il faut vous satisfaire puisque vous le souhaitez; je serais fâché qu'un autre que moi ôtât la vie à mon esclave. » Quand elle lui eut remis le sabre : « Venez, suivez-moi, ajouta-t-il, et ne faisons pas de bruit de crainte qu'il ne s'éveille. » Ils entrèrent dans la chambre où était Bahader; mais au lieu de le frapper, Amgiad porta le coup à la dame, et lui coupa la tête qui tomba sur Bahader....

Le jour avait déjà commencé de paraître lorsque Schéhérazade en était à ces paroles; elle s'en aperçut, et cessa de parler. Elle reprit son discours la nuit suivante, et dit au sultan Schahriar :

CCXXXIII.e NUIT.

Sire, la tête de la dame eût interrompu le sommeil du grand-écuyer, en tombant sur lui, quand le bruit du coup de sabre ne l'eût pas éveillé. Etonné de voir Amgiad avec le sabre ensanglanté et le corps de la dame par terre, sans tête, il lui demanda ce que cela signifiait. Amgiad lui raconta la chose comme elle s'était passée, et en achevant : « Pour empêcher cette furieuse, ajouta-t-il, de vous ôter la vie, je n'ai point trouvé d'autre moyen que de la lui ravir à elle-même. »

« Seigneur, reprit Bahader plein de reconnaissance, des personnes de votre sang, et aussi généreuses, ne sont pas capables de favoriser des actions si méchantes. Vous êtes mon libérateur, et je ne puis assez vous en remercier. » Après qu'il l'eut embrassé, pour lui mieux marquer combien il lui était obligé : « Avant que le jour vienne, dit-il, il faut emporter ce cadavre hors d'ici, et c'est ce que je vais faire. » Amgiad s'y opposa, et dit qu'il l'emporterait lui-même, puisqu'il avait fait le coup. « Un nouveau-venu en cette ville, comme vous, n'y réussirait pas, reprit Bahader. Laissez-moi faire, demeurez ici en repos. Si je ne reviens pas avant qu'il soit jour, ce sera une marque que le guet m'aura surpris. En ce cas-là, je vais vous faire par écrit une donation de la maison et de tous les meubles, vous n'aurez qu'à y demeurer. »

Dès que Bahader eut écrit et livré la donation au prince Amgiad, il mit le corps de la dame dans un sac avec la tête, chargea le sac sur ses épaules, et marcha de rue en rue prenant le chemin de la mer. Il n'en était pas éloigné lorsqu'il rencontra le juge de police qui faisait sa ronde en personne. Les gens du juge l'arrêtèrent, ouvrirent le sac, et y trouvèrent le corps de la dame massacrée, et sa tête. Le juge, qui reconnut le grand-écuyer, malgré son déguisement, le mena chez lui; et comme il n'osa pas le faire mourir à cause de sa dignité, sans en parler au Roi, il le lui mena le lendemain matin. Le Roi n'eut pas plutôt appris, au rapport du juge, la noire action qu'il avait commise, comme il le croyait selon les indices, qu'il le chargea d'injures. « C'est donc ainsi, s'écria-t-il, que tu massacres mes sujets pour les piller, et que tu jettes leurs corps à la mer pour cacher la tyrannie? Qu'on les en délivre, et qu'on le pende. »

Quelque innocent que fût Bahader, il reçut cette sentence de mort avec toute la résignation possible, et ne dit pas un mot pour sa justification. Le juge le ramena; et pendant qu'on préparait la potence, il envoya publier par toute la ville la justice qu'on allait faire à midi d'un meurtre commis par le grand-écuyer.

Le prince Amgiad, qui avait attendu le grand-écuyer inutilement, fut dans une consternation qu'on ne peut imaginer, quand il entendit ce cri de la maison où il était. « Si quelqu'un doit mourir pour la mort d'une femme aussi méchante, se dit-il à lui-même, ce n'est pas le grand-écuyer ; c'est moi ; et je ne souffrirai pas que l'innocent soit puni pour le coupable. » Sans délibérer davantage, il sortit, et se rendit à la place où se devait faire l'exécution, avec le peuple qui y courait de toutes parts.

Dès qu'Amgiad vit paraître le juge qui amenait Bahader à la potence, il alla se présenter à lui : « Seigneur, lui dit-il, je viens vous déclarer et vous assurer que le grand-écuyer que vous conduisez à la mort est très-innocent de la mort de cette dame. C'est moi qui ai commis le crime, si c'est en avoir commis un que d'avoir ôté la vie à une femme détestable qui voulait l'ôter à un grand-écuyer ; et voici comment la chose s'est passée. »

Quand le prince Amgiad eut informé le juge de quelle manière il avait été abordé par la dame à la sortie du bain ; comment elle avait été cause qu'il était entré dans la maison de plaisir du grand-écuyer, et de tout ce qui s'était passé jusqu'au moment qu'il avait été contraint de lui couper la tête, pour sauver la vie au grand-écuyer, le juge sursit l'exécution, et le mena au Roi avec le grand-écuyer.

Le Roi voulut être informé de la chose par Amgiad lui-même; et Amgiad, pour lui mieux faire comprendre son innocence et celle du grand-écuyer, profita de l'occasion pour lui faire le récit de son histoire et de son frère Assad depuis le commencement jusqu'à leur arrivée et jusqu'au moment qu'il lui parlait.

Quand le prince eut achevé : « Prince, lui dit le Roi, je suis ravi que cette occasion m'ait donné lieu de vous connaître : je ne vous donne pas seulement la vie avec celle de mon grand-écuyer, que je loue de la bonne intention qu'il a eue pour vous, et que je rétablis dans sa charge; je vous fais même mon grand-visir, pour vous consoler du traitement injuste, quoiqu'excusable, que le Roi votre père vous a fait. A l'égard du prince Assad, je vous permets d'employer toute l'autorité que je vous donne pour le retrouver. »

Après qu'Amgiad eut remercié le Roi de la ville et du pays des Mages, et qu'il eut pris possession de la charge de grand-visir, il employa tous les moyens imaginables pour trouver le prince son frère. Il fit promettre par les crieurs publics, dans tous les quartiers de la ville, une grande récompense à ceux qui le lui amèneraient, ou même qui lui en apprendraient quelque nouvelle. Il mit des gens en campagne; mais quelque diligence qu'il pût faire, il n'eut pas la moindre nouvelle de lui.

SUITE DE L'HISTOIRE
DU PRINCE ASSAD.

Assad était cependant toujours à la chaîne dans le cachot où il avait été enfermé par l'adresse du rusé vieillard; et Bostane et Cavame, filles du vieillard, le maltraitaient avec la même cruauté et la même inhumanité. La fête solennelle des adorateurs du feu approcha. On équipa le vaisseau qui avait coutume de faire le voyage de la montagne de Feu: on le chargea de marchandises, par le soin d'un capitaine nommé Behram, grand zélateur de la religion des Mages. Quand il fut en état de mettre à la voile, Behram y fit embarquer Assad dans une caisse à moitié pleine de marchandises, avec assez d'ouverture entre les ais pour lui donner la respiration nécessaire ; et fit descendre la caisse à fond de cale.

Avant que le vaisseau mît à la voile, le grand-visir Amgiad, frère d'Assad, qui avait été averti que les adorateurs du feu avaient coutume de sacrifier un musulman chaque année sur la montagne de Feu, et qu'Assad, qui était peut-être tombé entre leurs mains, pourrait bien être destiné à cette cérémonie sanglante, voulut en faire la visite. Il y alla en personne, et fit monter tous les matelots et tous les passagers sur le tillac, pendant que ses gens firent la recherche dans tout le vaisseau ; mais on ne trouva pas Assad, il était trop bien caché.

La visite faite, le vaisseau sortit du port ; et quand il fut en pleine mer, Behram ordonna de tirer le prince Assad de la caisse, et le fit mettre à la chaîne, pour s'assurer de lui, de crainte, comme il n'ignorait pas qu'on allait le sacrifier, que de désespoir il ne se précipitât dans la mer.

Après quelques jours de navigation, le vent favorable qui avait toujours accompagné le vaisseau devint contraire, et augmenta de manière qu'il excita une tempête des plus furieuses. Le vaisseau ne perdit pas seulement sa route : Behram et son pilote ne savaient plus même où ils étaient, et ils craignaient de rencontrer quelque rocher à chaque moment, et de s'y briser. Au plus fort de la tempête ils découvrirent terre, et Behram la reconnut pour l'endroit où était le port et la capitale de la reine Margiane, et il en eut une grande mortification.

En effet, la reine Margiane, qui était musulmane, était ennemie mortelle des adorateurs du feu. Non-seulement elle n'en souffrait pas un seul dans ses Etats: elle ne permettait même pas qu'aucun de leurs vaisseaux y abordât.

Il n'était plus au pouvoir de Behram cependant d'éviter d'aller aborder au port de la capitale de cette Reine, à moins d'aller échouer et se perdre contre la côte, qui était bordée de rochers affreux. Dans cette extrémité, il tint conseil avec son pilote et avec ses matelots. « Enfans, dit-il, vous voyez la nécessité où nous sommes réduits. De deux choses l'une : ou il faut que nous soyons engloutis par les flots, ou que nous nous sauvions chez la reine Margiane ; mais sa haine implacable contre notre religion et contre ceux qui en font profession, vous est connue. Elle ne manquera pas de se saisir de notre vaisseau, et de nous faire ôter la vie à tous sans miséricorde. Je ne vois qu'un seul remède, qui peut-être nous réussira. Je suis d'avis que nous ôtions de la chaîne le musulman que nous avons ici, et que nous l'habillions en esclave. Quand la reine Margiane m'aura fait venir devant elle, et qu'elle me demandera quel est mon négoce, je lui répondrai que je suis marchand d'esclaves, que j'ai vendu tout ce que j'en avais, et que je n'en ai réservé qu'un seul pour me servir d'écrivain, à cause qu'il sait lire et écrire. Elle voudra le voir ; et comme il est bien fait, et que d'ailleurs il est de sa religion, elle en sera touchée de compassion, ne manquera pas de me proposer de le lui vendre, et, en cette considération, de nous souffrir dans son port jusqu'au premier beau temps. Si vous savez quelque chose de meilleur, dites-le-moi, je vous écouterai. » Le pilote et les matelots applaudirent à son sentiment, qui fut suivi.....

La sultane Scheherazade fut obligée d'en demeurer à ses derniers mots, à cause du jour, qui se faisait voir; elle reprit le même conte la nuit suivante, et dit au sultan des Indes :

CCXXXIV^e NUIT.

SIRE, Behram fit ôter le prince Assad de la chaîne, et le fit habiller en esclave fort proprement, selon le rang d'écrivain de son vaisseau, sous lequel il voulait le faire paraître devant la reine Margiane. Il fut à peine dans l'état qu'il souhaitait, que le vaisseau entra dans le port, où il fit jeter l'ancre.

Dès que la reine Margiane, qui avait son

palais situé du côté de la mer, de manière que le jardin s'étendait jusqu'au rivage, eut vu que le vaisseau avait mouillé, elle envoya avertir le capitaine de venir lui parler; et pour satisfaire plus tôt sa curiosité, elle vint l'attendre dans le jardin.

Behram, qui s'était attendu à être appelé, débarqua avec le prince Assad, après avoir exigé de lui de confirmer qu'il était son esclave et son écrivain, et fut conduit devant la reine Margiane. Il se jeta à ses pieds; et après lui avoir marqué la nécessité qui l'avait obligé de se réfugier dans son port, il lui dit qu'il était marchand d'esclaves, qu'Assad, qu'il avait amené, était le seul qui lui restât, et qu'il le gardait pour lui servir d'écrivain.

Assad avait plu à la reine Margiane du moment qu'elle l'avait vu, et elle fut ravie d'apprendre qu'il fût esclave. Résolue à l'acheter à quelque prix que ce fût, elle demanda à Assad comment il s'appelait.

« Grande Reine, reprit le prince Assad les larmes aux yeux, Votre Majesté me demande-t-elle le nom que je portais ci-devant, ou le nom que je porte aujourd'hui ? » « Comment ! repartit la Reine, est-ce que vous avez deux noms ? » « Hélas, il n'est que trop vrai ! répliqua Assad. Je m'appelais autrefois Assad (très-heureux), et aujourd'hui je m'appelle Môtar (destiné à être sacrifié.) »

Margiane, qui ne pouvait pénétrer le vrai sens de cette réponse, l'appliqua à l'état de son esclavage, et connut en même-temps qu'il avait beaucoup d'esprit. « Puisque vous êtes écrivain, lui dit-elle ensuite, je ne doute pas que vous ne sachiez bien écrire : faites-moi voir de votre écriture. »

Assad, muni d'une écritoire qu'il portait à sa ceinture, et de papier, par les soins de Behram, qui n'avait pas oublié ces circonstances pour persuader à la Reine ce qu'il voulait qu'elle crût, se retira un peu à l'écart, et écrivit ses sentences par rapport à sa misère :

« L'aveugle se détourne de la fosse où
« le clairvoyant se laisse tomber. — L'i-
« gnorant s'élève aux dignités par des
« discours qui ne signifient rien ; le sa-
« vant demeure dans la poussière avec
« son éloquence. — Le musulman est

« dans la dernière misère avec toutes ses
« richesses; l'infidèle triomphe au milieu
« de ses biens. — On ne peut pas espérer
« que les choses changent : c'est un décret
« du Tout-Puissant qu'elles demeurent
« en cet état. »

Assad présenta le papier à la reine Margiane, qui n'admira pas moins la moralité des sentences, que la beauté du caractère ; et il n'en fallut pas davantage pour achever d'embraser son cœur, et de le toucher d'une véritable compassion pour lui. Elle n'eut pas plutôt achevé de le lire, qu'elle s'adressa à Behram : « Choisissez, lui dit-elle, de me vendre cet esclave, ou de m'en faire un présent : peut-être trouverez-vous mieux votre compte de choisir le dernier. »

Behram reprit assez insolemment qu'il n'avait pas de choix à faire, qu'il avait besoin de son esclave, et qu'il voulait le garder.

La reine Margiane, irritée de cette hardiesse, ne voulut point parler davantage à Behram ; elle prit le prince Assad par le bras, le fit marcher devant elle, et, en l'emmenant à son palais, elle envoya dire à Behram qu'elle ferait confisquer toutes ses marchandises, et mettre le feu à son vaisseau au milieu du port, s'il y passait la nuit. Behram fut contraint de retourner à son vaisseau, bien mortifié, et de faire préparer toutes choses pour remettre à la voile, quoique la tempête ne fût pas encore entièrement appaisée.

La reine Margiane, après avoir commandé, en entrant dans son palais, que l'on servît promptement le souper, mena Assad à son appartement, où elle le fit asseoir près d'elle. Assad voulut s'en défendre, en disant que cet honneur n'appartenait pas à un esclave.

« A un esclave ! reprit la Reine : il n'y a qu'un moment que vous l'étiez ; mais vous ne l'êtes plus. Assayez-vous près de moi, vous dis-je, et racontez-moi votre histoire ; car ce que vous avez écrit pour me faire voir de votre écriture, et l'insolence de ce marchand d'esclaves, me font comprendre qu'elle doit être extraordinaire. »

Le prince Assad obéit ; et, quand il fut

assis : « Puissante Reine, dit-il, Votre Majesté ne se trompe pas ; mon histoire est véritablement extraordinaire, et plus qu'elle ne pourrait se l'imaginer. Les maux, les tourmens incroyables que j'ai soufferts, et le genre de mort auquel j'étais destiné, dont elle m'a délivré par sa générosité toute royale, lui feront connaître la grandeur de son bienfait, que je n'oublierai jamais. Mais, avant d'entrer dans ce détail qui fait horreur, elle voudra bien que je prenne l'origine de mes malheurs de plus haut. »

Après ce préambule, qui augmenta la curiosité de Margiane, Assad commença par l'informer de sa naissance royale, de celle de son frère Amgiad, de leur amitié réciproque, de la passion condamnable de leurs belles-mères, changée en une haine des plus odieuses, la source de leur étrange destinée. Il vint ensuite à la colère du Roi leur père, à la manière presque miraculeuse de la conservation de leur vie, et enfin à la perte qu'il avait faite de son frère, et à la prison si longue et si douloureuse d'où on ne l'avait fait sortir que pour être immolé sur la montagne du Feu.

Quand Assad eut achevé son discours, la reine Margiane, animée plus que jamais contre les adorateurs du feu: « Prince, dit-elle, nonobstant l'aversion que j'ai toujours eue contre les adorateurs du feu, je n'ai pas laissé d'avoir beaucoup d'humanité pour eux; mais après le traitement barbare qu'ils vous ont fait, et leur dessein exécrable de faire une victime de votre personne à leur feu, je leur déclare dès à présent une guerre implacable. » Elle voulait s'étendre davantage sur ce sujet; mais l'on servit, et elle se mit à table avec le prince Assad, charmée de le voir et de l'entendre, et déjà prévenue pour lui d'une passion dont elle se promettait de trouver bientôt l'occasion de le faire apercevoir. « Prince, lui dit-elle, il faut vous bien récompenser de tant de jeûnes et de tant de mauvais repas que les impitoyables adorateurs du feu vous ont fait faire: vous avez besoin de nourriture après tant de souffrances. » Et en lui disant ces paroles, et d'autres à peu près semblables, elle lui servait à manger, et lui faisait verser à boire coup sur coup. Le repas dura long-temps, et le prince Assad but quelques coups plus qu'il ne pouvait porter.

Quand la table fut levée, Assad eut besoin de sortir, et il prit son temps de manière que la Reine ne s'en aperçut pas. Il descendit dans la cour, et comme il vit la porte du jardin ouverte, il y entra. Attiré par les beautés dont il était diversifié, il s'y promena un espace de temps. Il alla enfin jusqu'à un jet d'eau qui en faisait le plus grand agrément; il s'y lava les mains et le visage pour se rafraîchir; et en voulant se reposer sur le gazon dont il était bordé, il s'y endormit.

La nuit approchait alors, et Behram, qui ne voulait pas donner lieu à la reine Margiane d'exécuter sa menace, avait déjà levé l'ancre, bien fâché de la perte qu'il avait faite d'Assad, et d'être frustré de l'espérance d'en faire un sacrifice. Il tâchait néanmoins de se consoler sur ce que la tempête avait cessée, et qu'un vent de terre le favorisait pour s'éloigner. Dès qu'il se fut tiré hors du port avec l'aide de sa chaloupe, avant de la tirer dans le vaisseau : « Enfans, dit-il aux matelots qui étaient dedans, attendez, ne remontez pas : je vais vous faire donner les barils pour faire de l'eau, et je vous attendrai sur les bords. » Les matelots, qui ne savaient pas où ils en pourraient faire, voulurent s'en excuser; mais comme Behram avait parlé à la Reine dans le jardin, et qu'il avait remarqué le jet d'eau : « Allez aborder devant le jardin du palais, reprit-il; passez par-dessus le mur, qui n'est qu'à hauteur d'appui, vous trouverez à faire de l'eau suffisamment dans le bassin qui est au milieu du jardin. »

Les matelots allèrent aborder ou Behram leur avait marqué; et après qu'ils se furent chargés chacun d'un baril sur l'épaule, en débarquant, ils passèrent aisément par-dessus le mur. En approchant du bassin, comme ils eurent aperçu un homme couché qui dormait sur le bord, ils s'approchèrent de lui, et ils le reconnurent pour Assad. Ils se partagèrent; et pendant que les uns firent quelques barils d'eau avec le moins de bruit qu'il leur fut possible, sans perdre de temps à les emplir, tous les autres environnèrent Assad, et l'observèrent pour l'arrêter au cas qu'il s'éveillât. Il leur donna tout le temps; et dès que les barils furent pleins et chargés sur les épaules de ceux qui devaient les emporter, les autres se saisirent de lui, et l'emmenèrent, sans lui donner le temps de se reconnaître; ils le passèrent par-dessus le mur, l'embarquèrent avec leurs barils, et le transportèrent au vaisseau à force de rames. Quand ils furent prêts d'aborder au vaisseau : « Capitaine, s'écrièrent-ils avec des éclats de joie, faites jouer vos hautbois et vos tambours, nous vous ramenons votre esclave. »

Behram, qui ne pouvait comprendre comment ses matelots avaient pu retrouver et reprendre Assad, et qui ne pouvait aussi l'apercevoir dans la chaloupe, à cause de la nuit, attendit avec impatience qu'ils fussent remontés sur le vaisseau pour leur demander ce qu'ils voulaient dire; mais quand il l'eut vu devant ses yeux, il ne put se contenir de joie; et, sans s'informer comment ils s'y étaient pris pour faire une si belle capture, il le fit remettre à la chaîne; et après avoir fait tirer la chaloupe dans le vaisseau en diligence, il fit force de voiles, en reprenant la route de la montagne du Feu.....

La sultane Scheherazade ne passa pas outre pour cette nuit; elle poursuivit la suivante, et dit au sultan des Indes:

CCXXXV^e NUIT.

Sire, j'achevai hier en faisant remarquer à Votre Majesté que Behram avait repris la route de la montagne du Feu, bien joyeux de ce que ses matelots avaient ramené le prince Assad.

La reine Margiane cependant était dans de grandes alarmes; elle ne s'inquiéta pas d'abord quand elle se fut aperçue que le prince Assad était sorti. Comme elle ne douta pas qu'il ne dût revenir bientôt, elle l'attendit avec patience. Au bout de quelque temps, qu'elle vit qu'il ne paraissait pas, elle commença d'en être inquiète. Elle commanda à ses femmes de voir où il était; elles le cherchèrent, et elles ne lui en apportèrent pas de nouvelles. La nuit vint, et elle le fit chercher à la lumière; mais aussi inutilement.

Dans l'impatience et dans l'alarme où la reine Margiane fut alors, elle alla le chercher elle-même à la lumière des flambeaux; et comme elle eut aperçu que la porte du jardin était ouverte, elle y entra et le parcourut avec ses femmes. En passant près du jet d'eau et du bassin, elle remarqua une babouche * sur le bord du gazon, qu'elle fit ramasser, et elle la reconnut pour une des deux du prince, de même que ses femmes. Cela, joint à l'eau répandue sur le bord du bassin, lui fit croire que Behram pourrait bien l'avoir fait enlever. Elle envoya savoir dans le moment s'il était encore au port; et comme elle eut appris qu'il avait fait voile un peu avant la nuit, qu'il s'était arrêté quelque temps sur les bords, et que sa chaloupe était venue faire de l'eau

---

* Soulier du Levant.

dans le jardin, elle envoya avertir le commandant de dix vaisseaux de guerre qu'elle avait dans son port toujours équipés et prêts à partir au premier commandement, qu'elle voulait s'embarquer en personne le lendemain à une heure du jour.

Le commandant fit ses diligences : il assembla les capitaines, les autres officiers, les matelots, les soldats ; et tout fut embarqué à l'heure qu'elle avait souhaité. Elle s'embarqua ; et quand son escadre fut hors du port et à la voile, elle déclara son intention au commandant. « Je veux, dit-elle, que vous fassiez force de voiles, et que vous donniez la chasse au vaisseau marchand qui partit de ce port hier au soir. Je vous l'abandonne si vous le prenez ; mais si vous ne le prenez pas, votre vie m'en répondra.

Les dix vaisseaux donnèrent la chasse au vaisseau de Behram deux jours entiers, et ne virent rien. Ils le découvrirent le troisième jour à la pointe du jour ; et sur le midi, ils l'environnèrent de manière qu'il ne pouvait pas échapper.

Dès que le cruel Behram eut aperçu

les dix vaisseaux, il ne douta pas que ce fût l'escadre de la reine Margiane qui le poursuivait, et alors il donnait la bastonnade à Assad; car depuis son embarquement dans son vaisseau au port de la ville des Mages, il n'avait pas manqué un jour de lui faire ce même traitement : cela fit qu'il le maltraita plus que de coutume. Il se trouva dans un grand embarras quand il vit qu'il allait être environné. De garder Assad, c'était se déclarer coupable; de lui ôter la vie, il craignait qu'il n'en parût quelque marque. Il le fit déchaîner; et quand on l'eut fait monter du fond de cale où il était, et qu'on l'eut amené devant lui : « C'est toi, dit-il, qui es cause qu'on nous poursuit. » Et en disant ces paroles, il le jeta dans la mer.

Le prince Assad, qui savait nager, s'aida de ses pieds et de ses mains avec tant de courage, à la faveur des flots qui le secondaient, qu'il en eut assez pour ne pas succomber et pour gagner terre. Quand il fut sur le rivage, la première chose qu'il fit, fut de remercier Dieu de l'avoir délivré d'un si grand danger, et tiré encore une fois des mains des adorateurs du feu. Il se dépouilla ensuite; et après avoir bien exprimé l'eau de son habit, il l'étendit sur un rocher, où il fut bientôt séché, tant par l'ardeur du soleil que par la chaleur du rocher, qui en était échauffé.

Il se reposa cependant, en déplorant sa misère, sans savoir en quel pays il était, ni de quel côté il tournerait. Il reprit enfin son habit, et marcha sans trop s'éloigner de la mer, jusqu'à ce qu'il eût trouvé un chemin qu'il suivit. Il chemina plus de dix jours par un pays où personne n'habitait, et où il ne trouvait que des fruits sauvages et quelques plantes le long des ruisseaux, dont il vivait. Il arriva enfin près d'une ville qu'il reconnut pour celle des Mages, où il avait été si fort maltraité, et où son frère Amgiad était grand-visir. Il en eut de la joie; mais il fit bien résolution de ne pas s'approcher d'aucun adorateur du feu; mais seulement de quelques musulmans; car il se souvenait d'y en avoir remarqué quelques-uns la première fois qu'il y était entré. Comme il était tard, qu'il savait bien que les boutiques étaient déjà fermées, et qu'il trouverait peu de monde dans les rues, il prit le parti de s'arrêter dans le cimetière, qui était près de la ville, où il y avait plusieurs tombeaux élevés en façon de mausolées. En cherchant, il en trouva un dont la porte était ouverte; il y entra, résolu d'y passer la nuit.

Revenons présentement au vaisseau de Behram. Il ne fut pas long-temps à être investi de tous les côtés par les vaisseaux de la reine Margiane, après qu'il eut jeté le prince Assad dans la mer. Il fut abordé par le vaisseau où était la Reine, et à son approche, comme il n'était pas en état de faire aucune résistance, Behram fit plier les voiles, pour marquer qu'il se rendait.

La reine Margiane passa elle-même sur le vaisseau, et demanda à Behram où était l'écrivain qu'il avait eu la témérité d'enlever ou de faire enlever dans son palais. «Reine, répondit Behram, je jure à Votre Majesté qu'il n'est pas sur mon vaisseau; elle peut le faire chercher, et connaître par-là mon innocence.»

Margiane fit faire la visite du vaisseau avec toute l'exactitude possible; mais on ne trouva pas celui qu'elle souhaitait si passionnément de trouver, autant parce qu'elle l'aimait, que par la générosité qui lui était naturelle. Elle fut sur le point d'ôter la vie à Behram de sa propre main; mais elle se retint, et elle se contenta de confisquer son vaisseau et toute sa charge, et de le renvoyer par terre avec tous ses matelots, et en lui laissant sa chaloupe pour y aller aborder.

Behram, accompagné de ses matelots, arriva dans la ville des Mages la même nuit qu'Assad s'était arrêté dans le cimetière, et retirée dans le tombeau. Comme la porte était fermée, il fut contraint de chercher aussi dans le cimetière quelque tombeau pour y attendre qu'il fût jour, et qu'on l'ouvrît.

Par malheur pour Assad, Behram passa devant celui où il était. Il y entra, et il vit un homme qui dormait, la tête enveloppée dans son habit. Assad s'éveilla au bruit, et, en levant la tête, il demanda qui c'était.

Behram le reconnut d'abord. « Ha! ha! dit-il, vous êtes donc celui qui êtes cause que je suis ruiné pour le reste de ma vie! Vous n'avez pas été sacrifié cette année; mais vous n'échapperez pas de même l'année prochaine. » En disant ces paroles, il se jeta sur lui, lui mit son mouchoir sur la bouche pour l'empêcher de crier, et le fit lier par ses matelots.

Le lendemain matin, dès que la porte fut ouverte, il fut aisé à Behram de ramener Assad chez le vieillard qui l'avait abusé avec tant de méchanceté, par des rues détournées où personne n'était encore levé. Dès qu'il y fut entré, il le fit descendre dans le même cachot d'où il avait été tiré, et informa le vieillard du triste sujet de son retour, et du malheureux succès de son voyage. Le méchant vieillard n'oublia pas d'enjoindre à ses filles de maltraiter le prince infortuné plus qu'auparavant, s'il était possible.

Assad fut extrêmement surpris de se revoir dans le même lieu où il avait déjà tant souffert; et, dans l'attente des mêmes tourmens dont il avait cru être délivré pour toujours, il pleurait la rigueur de son destin, lorsqu'il vit entrer Bostane avec un bâton, un pain et une cruche d'eau. Il frémit à la vue de cette impitoyable, et à la seule pensée des supplices journaliers qu'il avait encore à souffrir toute une année, pour mourir ensuite d'une manière pleine d'horreur.....

Mais le jour, que la sultane Schcherazade vit paraître comme elle en était à ces dernières paroles, l'obligea de s'interrompre. Elle reprit le même conte la nuit suivante, et dit au sultan des Indes :

CCXXXVI^e NUIT.

Sire, Bostane traita le malheureux prince Assad aussi cruellement qu'elle l'avait déjà fait dans sa première détention. Les lamentations, les plaintes, les instantes prières d'Assad, qui la suppliait de l'épargner, jointes à ses larmes, furent si vives, que Bostane ne put s'empêcher d'en être attendrie, et de verser des larmes avec lui. « Seigneur, lui dit-elle en lui recouvrant les épaules, je vous demande mille pardons de la cruauté avec laquelle je vous ai traité ci-devant, et dont je viens de vous faire sentir encore les effets. Jusqu'à présent je n'ai pu désobéir à un père injustement animé contre vous, et acharné à votre perte; mais enfin je déteste et j'abhorre cette barbarie. Consolez-vous, vos maux sont finis, et je vais tâcher de réparer tous mes crimes, dont je connais l'énormité, par de meilleurs traitemens. Vous m'avez regardée jusqu'aujourd'hui comme une infidèle, regardez-moi présentement comme une musulmane. J'ai déjà quelques instructions qu'une esclave de votre religion, qui me sert, m'a données; j'espère que vous voudrez bien achever ce qu'elle a commencé. Pour vous marquer ma bonne intention, je demande pardon au vrai Dieu de toutes mes offenses, par les mauvais traitemens que je vous ai faits, et j'ai confiance qu'il me fera trouver le moyen de vous mettre dans une entière liberté. »

Ce discours fut d'une grande consolation au prince Assad; il rendit des actions de grâces à Dieu de ce qu'il avait touché le cœur de Bostane; et après qu'il l'eut bien remerciée des bons sentimens où elle était pour lui, il n'oublia rien pour l'y confirmer, non-seulement en achevant de l'instruire de la religion musulmane; mais même en lui faisant le récit de son histoire et de toutes ses disgrâces, malgré le haut rang de sa naissance. Quand il fut entièrement assuré de sa fermeté dans la bonne résolution qu'elle avait prise, il lui demanda comment elle ferait pour empêcher que sa sœur Cavane n'en eût connaissance, et ne vînt le maltraiter à son tour. « Que cela ne vous chagrine pas, reprit Bostane, je saurai bien faire en sorte qu'elle ne se mêle plus de vous voir. »

En effet, Bostané sut toujours prévenir Cavane toutes les fois qu'elle voulait descendre au cachot. Elle voyait cependant fort souvent le prince Assad; et au lieu de ne lui porter que du pain et de l'eau, elle lui portait du vin et de bons mets qu'elle faisait préparer par douze esclaves musulmanes qui la servaient. Elle mangeait même de temps en temps avec lui, et faisait tout ce qui était en son pouvoir pour le consoler.

Quelques jours après, Bostane était à la porte de la maison, lorsqu'elle entendit un crieur public qui publiait quelque chose. Comme elle n'entendait pas ce que c'était, à cause que le crieur était trop éloigné, et qu'il approchait pour passer devant la maison, elle rentra; et en tenant la porte à demi-ouverte, elle vit qu'il marchait devant le grand-visir Amgiad, frère du prince Assad, accompagné de plusieurs officiers, et de quantité de ses gens qui marchaient devant et après lui.

Le crieur n'était plus qu'à quelques pas de la porte, lorsqu'il répéta ce cri à haute voix :

« L'excellent et l'illustre grand-visir,
« que voici en personne, cherche son cher
« frère, qui s'est séparé d'avec lui il y a
« plus d'un an. Il est fait de telle et telle
« manière. Si quelqu'un le garde chez lui,
« ou sait où il est, Son Excellence com-
« mande qu'il ait à le lui amener, ou à lui
« en donner avis, avec promesse de le

« bien récompenser. Si quelqu'un le ca-
« che, et qu'on le découvre, Son Excel-
« lence déclare qu'elle le punira de mort,
« lui, sa femme, ses enfans et toute sa
« famille, et fera raser sa maison. »

Bostane n'eut pas plutôt entendu ces paroles, qu'elle ferma la porte au plus vite, et alla trouver Assad dans le cachot. « Prince, lui dit-elle avec joie, vous êtes à la fin de vos malheurs ; suivez-moi, et venez promptement. » Assad, qu'elle avait ôté de la chaîne dès le premier jour qu'il avait été ramené dans le cachot, la suivit jusques dans la rue, où elle cria : « Le voici ! le voici ! »

Le grand-visir, qui n'était pas encore éloigné, se retourna. Assad le reconnut pour son frère, courut à lui et l'embrassa. Amgiad, qui le reconnut aussi d'abord, l'embrassa de même très-étroitement, le fit monter sur le cheval d'un de ses officiers, qui mit pied à terre, et le mena au palais en triomphe, où il le présenta au Roi, qui le fit un de ses visirs.

Bostane, qui n'avait pas voulu rentrer chez son père, dont la maison fut rasée dès le même jour, et qui n'avait pas perdu le prince Assad de vue jusqu'au palais, fut envoyée à l'appartement de la Reine. Le vieillard son père, et Behram, amenés devant le Roi avec leurs familles, furent condamnés à avoir la tête tranchée. Ils se jetèrent à ses pieds et implorèrent sa clémence. « Il n'y a pas de grâce pour vous, reprit le Roi, que vous ne renonciez à l'adoration du feu, et que vous n'embrassiez la religion musulmane. » Ils sauvèrent leur vie en prenant ce parti, de même que Cavame, sœur de Bostane, et leurs familles.

En considération de ce que Behram s'était fait musulman, Amgiad, qui voulut le récompenser de la perte qu'il avait faite avant de mériter sa grâce, le fit un de ses principaux officiers, et le logea chez lui. Behram, informé en peu de jours de l'histoire d'Amgiad, son bienfaiteur, et d'Assad, son frère, leur proposa de faire équiper un vaisseau, et de les remener au Roi Camaralzaman, leur père. « Apparemment, leur dit-il, qu'il a reconnu votre innocence, et qu'il désire impatiendront de vous revoir. Si cela n'est pas, il ne sera pas difficile de la lui faire reconnaître avant de débarquer; et s'il demeure dans son injuste prévention, vous n'aurez que la peine de revenir. »

Les deux frères acceptèrent l'offre de Behram; ils parlèrent de leur dessein au Roi, qui l'approuva, et donnèrent ordre à l'équipement d'un vaisseau. Behram s'y employa avec toute la diligence possible; et quand il fut prêt à mettre à la voile, les princes allèrent prendre congé du Roi un matin avant d'aller s'embarquer. Dans le temps qu'ils faisaient leurs complimens, et qu'ils remerciaient le Roi de ses bontés, on entendit un grand tumulte par toute la ville, et en même temps un officier vint annoncer qu'une grande armée s'approchait, et que personne ne savait quelle armée c'était.

Dans l'alarme que cette fâcheuse nouvelle donna au Roi, Amgiad prit la parole. « Sire, lui dit-il, quoique je vienne de remettre entre les mains de Votre Majesté la dignité de son premier ministre, dont elle m'avait honoré, je suis prêt néanmoins à lui rendre encore service; et je la supplie de vouloir bien que j'aille voir qui est cet ennemi qui vient vous attaquer dans votre capitale, sans vous avoir déclaré la guerre auparavant. » Le Roi l'en pria, et il partit sur-le-champ avec peu de suite.

Le prince Amgiad ne fut pas long-temps à découvrir l'armée, qui lui parut puissante, et qui avançait toujours. Les avant-coureurs, qui avaient leurs ordres, le reçurent favorablement, et le menèrent devant la princesse, qui s'arrêta avec toute son armée pour lui parler. Le prince Amgiad lui fit une profonde révérence, et lui demanda si elle venait comme amie ou comme ennemie; et si elle venait comme ennemie, quel sujet de plainte elle avait contre le Roi son maître.

« Je viens comme amie, répondit la princesse, et je n'ai aucun sujet de mécontentement contre le Roi des Mages. Ses états et les miens sont situés d'une manière qu'il est difficile que nous puissions avoir aucun démêlé ensemble. Je viens seulement demander un esclave nommé

Assad, qui m'a été enlevé par un capitaine de cette ville, qui s'appelle Behram, le plus insolent de tous les hommes ; et j'espère que votre Roi me fera justice, quand il saura que je suis Margiane. »

« Puissante Reine, reprit le prince Amgiad, je suis le frère de cet esclave que vous cherchez avec tant de peine. Je l'avais perdu, et je l'ai retrouvé. Venez, je vous le livrerai moi-même, et j'aurai l'honneur de vous entretenir de tout le reste. Le Roi mon maître sera ravi de vous voir. »

Pendant que l'armée de la reine Margiane campa au même endroit par son ordre, le prince Amgiad l'accompagna jusque dans la ville et jusqu'au palais, où il la présenta au Roi ; et après que le Roi l'eut reçue comme elle le méritait, le prince Assad, qui était présent, et qui l'avait reconnue dès qu'elle avait paru, lui fit son compliment. Elle lui témoignait la joie qu'elle avait de le revoir, lorsqu'on vint apprendre au Roi qu'une armée plus formidable que la première paraissait d'un autre côté de la ville.

Le Roi des Mages, épouvanté plus que la première fois de l'arrivée d'une seconde armée plus nombreuse que la première, comme il jugeait lui-même par les nuages de poussière qu'elle excitait à son approche, et qui couvraient déjà le ciel : « Amgiad, s'écria-t-il, où en sommes-nous ? Voilà une nouvelle armée qui va nous accabler. »

Amgiad comprit l'intention du Roi : il monta à cheval, et courut à toute bride au-devant de cette nouvelle armée. Il demanda aux premiers qu'il rencontra, à parler à celui qui la commandait, et on le conduisit devant un Roi qu'il reconnut à la couronne qu'il portait sur la tête. De si loin qu'il l'aperçut, il mit pied à terre ; et lorsqu'il fut près de lui, après qu'il se fut jeté la face en terre, il lui demanda ce qu'il souhaitait du Roi son maître.

« Je m'appelle Gaïour, reprit le Roi, et je suis roi de la Chine. Le désir d'apprendre des nouvelles d'une fille nommée Badoure, que j'ai mariée depuis plusieurs années au prince Camaralzaman, fils du roi Schazaman, roi des îles des Enfans de Khaledan, m'a obligé de sortir de mes États. J'avais permis à ce prince d'aller voir le Roi son père, à la charge de venir me revoir d'année en année avec ma fille. Depuis tant de temps cependant, je n'en ai pas entendu parler. Votre Roi obligerait un père affligé de lui apprendre ce qu'il en peut savoir. »

Le prince Amgiad, qui reconnut le Roi, son grand-père, à ce discours, lui baisa la main avec tendresse, et en lui répondant : « Sire, dit-il, Votre Majesté me pardonnera cette liberté quand elle saura que je la prends pour lui rendre mes respects comme à mon grand-père. Je suis fils de Camaralzaman, aujourd'hui roi de l'île d'Ébène, et de la reine Badoure dont elle est en peine; et je ne doute pas qu'ils ne soient en parfaite santé dans leur royaume. »

Le roi de la Chine, ravi de voir son petit-fils, l'embrassa aussitôt très-tendrement; et cette rencontre si heureuse et si peu attendue, leur tira des larmes de part et d'autre. Sur la demande qu'il fit au prince Amgiad du sujet qui l'avait amené dans ce pays étranger, le prince lui raconta toute son histoire et celle du prince Assad, son frère. Quand il eut achevé : « Mon fils, reprit le roi de la Chine, il n'est pas juste que des princes innocens comme vous soient maltraités plus long-temps. Consolez-vous, je vous ramènerai vous et votre frère, et je ferai votre paix. Retournez, et faites part de mon arrivée à votre frère. »

Pendant que le roi de la Chine campa à l'endroit où le prince Amgiad l'avait trouvé, le prince Amgiad retourna rendre réponse au roi des Mages, qui l'attendait avec grande impatience. Le Roi fut extrêmement surpris d'apprendre qu'un Roi aussi puissant que celui de la Chine, eût entrepris un voyage si long et si pénible, excité par le désir de voir sa fille, et qu'il fût si près de sa capitale. Il donna aussitôt les ordres pour le bien régaler, et se mit en état d'aller le recevoir.

Dans cet intervalle, on vit paraître une grande poussière d'un autre côté de la ville, et l'on apprit bientôt que c'était une troisième armée qui arrivait. Cela obligea le Roi de demeurer, et de prier le prince Amgiad d'aller voir encore ce qu'elle demandait.

Amgiad partit, et le prince Assad l'accompagna cette fois. Ils trouvèrent que c'était l'armée de Camaralzaman, leur père, qui venait les chercher. Il avait donné des marques d'une si grande douleur de les avoir perdus, que l'émir Giondar, à la fin, lui avait déclaré de quelle manière il leur avait conservé la vie; ce qui l'avait fait résoudre de les aller chercher en quelque pays qu'ils fussent.

Ce père affligé embrassa les deux princes avec des ruisseaux de larmes de joie, qui terminèrent agréablement les larmes d'affliction qu'il versait depuis si long-temps. Les princes ne lui eurent pas plutôt appris que le roi de la Chine, son beau-père, venait d'arriver aussi le même jour, qu'il se détacha avec eux et avec peu de suite, et alla le voir en son camp. Ils n'avaient pas fait beaucoup de chemin, qu'ils aperçurent une quatrième armée qui s'avançait en bel ordre, et paraissait venir du côté de la Perse.

Camaralzaman dit aux princes ses fils d'aller voir quelle armée c'était, et qu'il les attendrait. Ils partirent aussitôt, et à leur arrivée, ils furent présentés au Roi à qui l'armée appartenait. Après l'avoir salué profondément, ils lui demandèrent à quel dessein il s'était approché si près de la capitale du roi des Mages.

Le grand-visir, qui était présent, prit la parole : « Le Roi à qui vous venez de parler, leur dit-il, est Schahzaman, roi des îles des Enfans de Khaledan, qui voyage depuis long-temps dans l'équipage que vous voyez, en cherchant le prince Camaralzaman, son fils, qui est sorti de ses Etats il y a de longues années; si vous en savez quelques nouvelles, vous lui ferez le plus grand plaisir du monde de l'en informer. »

Les princes ne répondirent autre chose, sinon qu'ils apporteraient la réponse dans peu de temps; et ils revinrent à toute bride annoncer à Camaralzaman que la dernière armée qui venait d'arriver était celle du roi Schahzaman, et que le Roi, son père, y était en personne.

L'étonnement, la surprise, la joie, la douleur d'avoir abandonné le Roi son père, sans prendre congé de lui, firent un si puissant effet sur l'esprit du roi Camaralzaman, qu'il tomba évanoui dès qu'il eut appris qu'il était si près de lui ; il revint à la fin par l'empressement des princes Amgiad et Assad à le soulager ; et lorsqu'il se sentit assez de forces, il alla se jeter aux pieds du roi Schahzaman.

De long-temps il ne s'était vu une entrevue si tendre entre un père et un fils. Schahzaman se plaignit obligeamment au roi Camaralzaman de l'insensibilité qu'il avait eue en s'éloignant de lui d'une manière si cruelle ; et Camaralzaman lui témoigna un véritable regret de la faute que l'amour lui avait fait commettre.

Les trois Rois et la reine Margiane demeurèrent trois jours à la Cour du roi des Mages, qui les régala magnifiquement. Ces trois jours furent aussi très-remarquables par le mariage du prince Assad avec la reine Margiane, et du prince Amgiad avec Bostane, en considération du service qu'elle avait rendu au prince

(284)

Assad. Les trois Rois ; enfin, et la reine Margiane avec Assad, son époux, se retirèrent chacun dans leur royaume. Pour ce qui est d'Amgiad, le roi des Mages qui l'avait pris en affection, et qui était déjà fort âgé, lui mit la couronne sur la tête ; et Amgiad mit toute son application à détruire le culte du feu, et à établir la religion musulmane dans ses Etats.

FIN DU CINQUIÈME VOLUME.

TABLE

DU TOME CINQUIÈME.

CCVIII^e NUIT .... Page 5
CCIX^e NUIT 13
CCX^e NUIT 21
CCXI^e NUIT 31
Histoire des Amours de Camaralzaman, prince de l'île des Enfans de Khaledan, et Badoure, princesse de la Chine.......................... 32
CCXII^e NUIT 39
CCXIII^e NUIT 44
CCXIV^e NUIT 54
CCXV^e NUIT 64
CCXVI^e NUIT 73
CCXVII^e NUIT 82
Suite de l'Histoire de la princesse de la Chine 88
CCXVIII^e NUIT 91
Histoire de Marzavan, avec la suite de celle de Camaralzaman 99
CCXIX^e NUIT 101
CCXX^e NUIT 111
CCXXI^e NUIT 120
CCXXII^e NUIT 128
CCXXIII^e NUIT 137
Séparation du prince Camaralzaman d'avec la princesse Badoure......................... Ibid.
Histoire de la princesse Badoure, après la séparation du prince Camaralzaman................. 144
CCXXIV^e NUIT 148

CCXXVe NUIT. Suite de l'Histoire du prince Cama-
ralzaman, depuis sa séparation d'avec la prin-
cesse Badoure.......................... Page 159
CCXXVIe NUIT........................... 170
CCXXVIIe NUIT........................... 180
CCXXVIIIe NUIT.......................... 192
Histoire des princes Amgiad et Assad........... 195
CCXXIXe NUIT............................ 202
CCXXXe NUIT............................. 211
Le prince Assad arrêté en entrant dans la ville des
Mages................................... 217
CCXXXIe NUIT............................ 222
Histoire du prince Amgiad et d'une dame de la
ville des Mages........................... 226
CCXXXIIe NUIT........................... 234
CCXXXIIIe NUIT.......................... 242
Suite de l'Histoire du prince Assad............. 247
CCXXXIVe NUIT.......................... 251
CCXXXVe NUIT........................... 261
CCXXXVIe NUIT.......................... 269

Fin de la Table du cinquième volume.

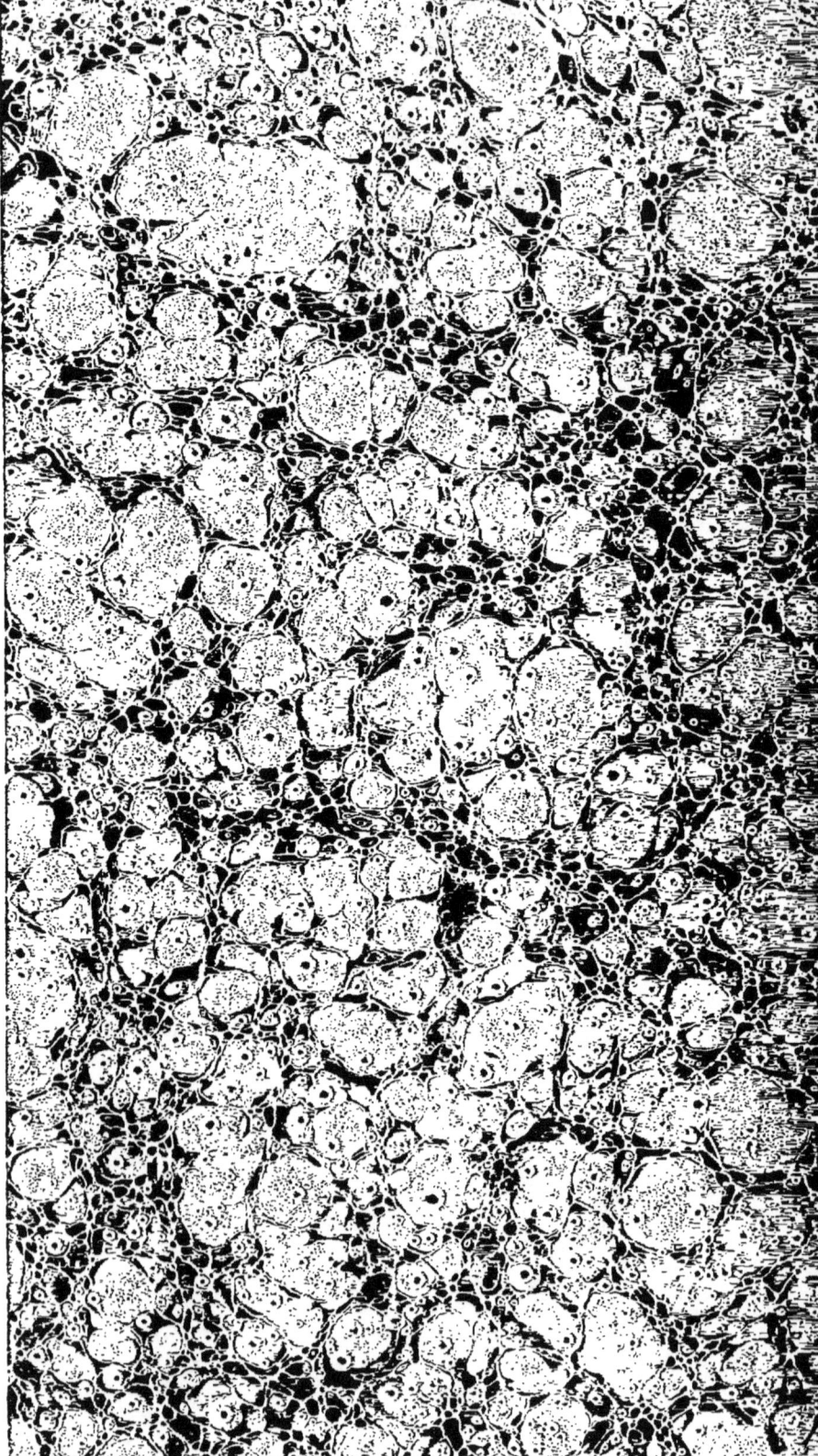

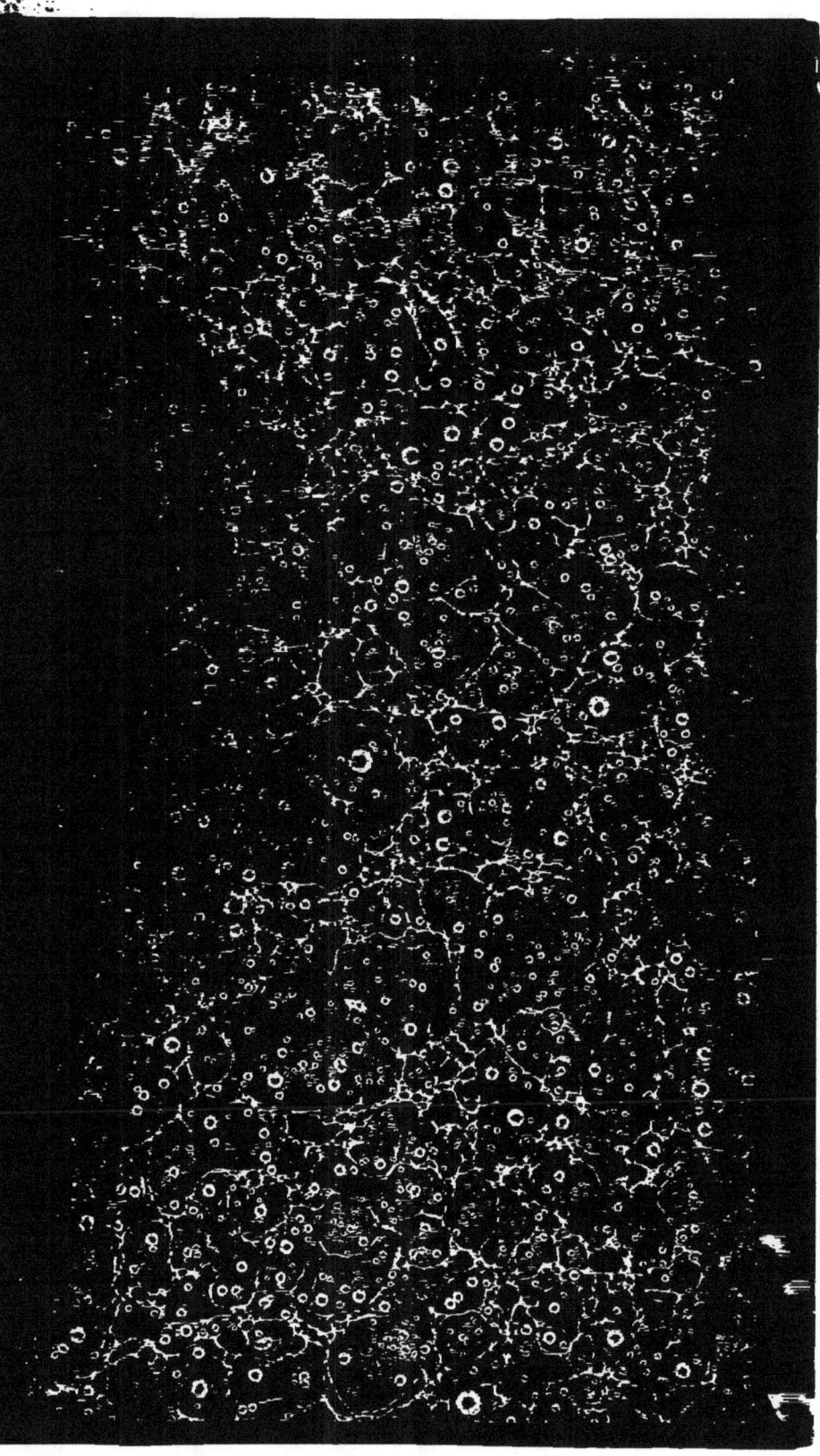

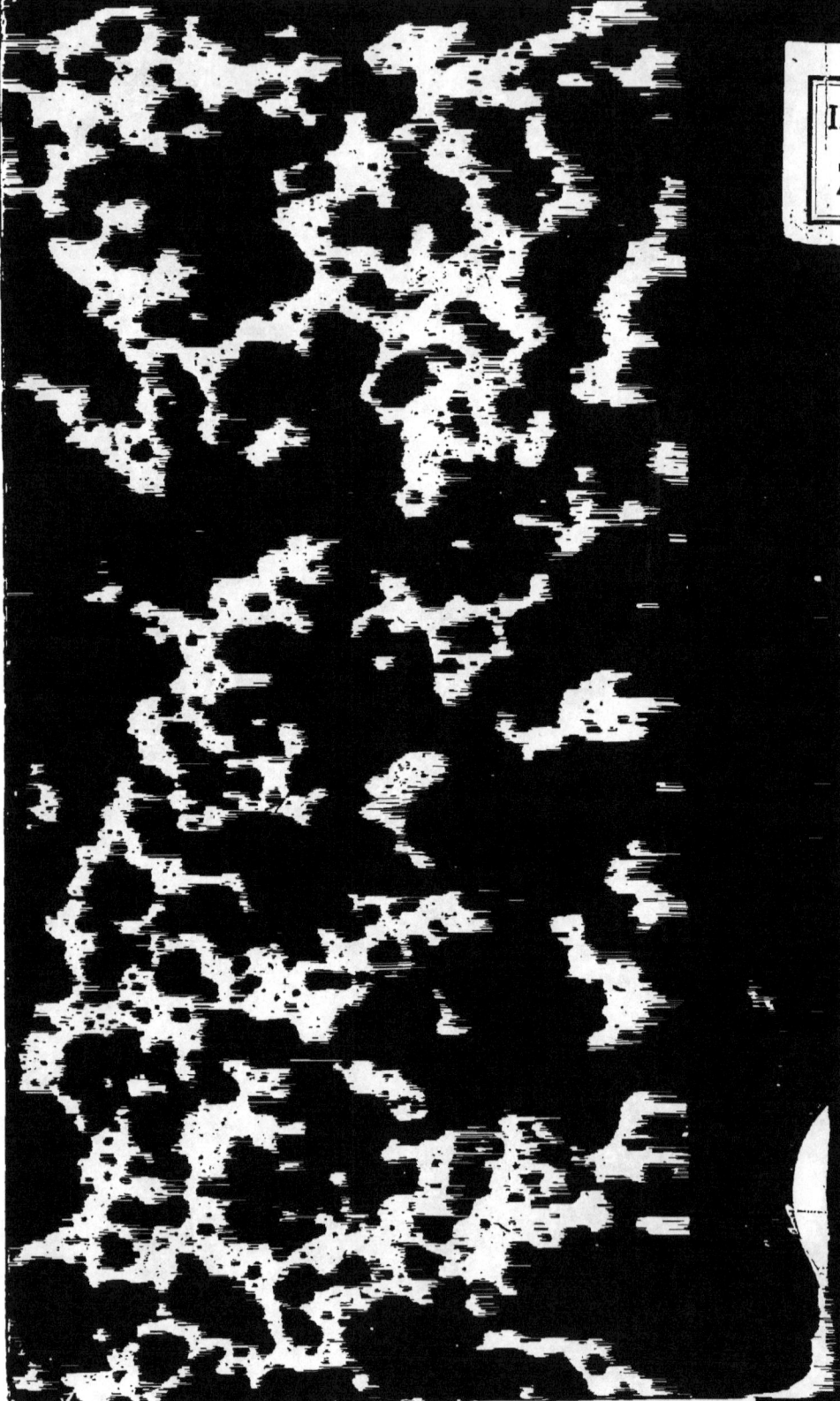

www.ingramcontent.com/pod-product-compliance
Lightning Source LLC
Chambersburg PA
CBHW071141160426
43196CB00011B/1961